目　录

序 言

下一个四十年，中国经济的新红利在哪里

中国四十年的改革开放，既创造了全球经济增长的奇迹，也是经济转型的经典案例。面对这个复杂的社会发展过程，经济学家们从不同的经济哲学视角，总结出了各种截然不同的成功经验，分别指向不同的未来经济模式。而能否正确地总结和介绍中国过去四十年经济奇迹的成功经验和教训，使之对内有利于进一步深化改革，对外有利于进一步扩大开放，既关系到中国在下一个四十年能否再现稳定增长的故事，也是中国经济学能否对世界有所贡献的重要学术问题。

一、改革开放四十年经济红利的不同经济理论总结

对于四十年的中国经济奇迹，一种影响广泛的观点是强调中国经济增长的特殊性，认为是"中国模式"创造了人类经济增长的奇迹，另一种学术观点则认为根本不存在所谓的"中国模式"。

认为存在"中国模式"的学者们对于中国模式特殊性的分析着眼点，也各有不同，例如有人总结中国模式的着眼点，在于中央政府的调控和产业政策在中国经济增长中发挥的作用。其中，强调中央政府宏观调控作用的既有**传统的计划经济派**，更有 20 世纪 90 年代以来的凯恩斯主义经济学的信奉者或所谓"**政府市场经济学**"信奉者；而强调中央政府产业政策重要性的既包括 20 世纪 80 年代以来的传统计划经济者，也包括最近几年林毅

夫先生的**新结构经济学**等学派。

也有的学者认为中国模式的成功之处，主要在于**地方政府的作用**。坚持这样看法的代表学者如张五常先生，他认为中国的各级地方政府，尤其是市、县级政府，在推动中国经济发展过程中发挥了最重要的作用。的确，在把 GDP 作为主要政绩指标的年代里，大部分地方官员都像企业家一样努力，组织各种资源为地方经济发展创造种种条件。一旦这种地方政府之间的 GDP 竞赛机制被破坏以后，经济增长的动力就会大为减弱。

还有如"**胚胎发育论**"则认为中国四十年的增长主要是复制了工业革命，并从经济史的角度通过研究工业化的各种条件，得出中国发生工业革命的关键因素之一，就是在改革开放之前用政府力量建立了工业化基础，这为改革开放后的工业革命做好了准备，而且改革开放之后中国政府又在创造和形成统一市场方面发挥了重要作用。

也有些国内外学者比较重视**中国文化**的重要性，认为中国人的储蓄习惯、中国人的勤劳工作作风，以及深受儒家文化影响的中国企业家，才是造成中国增长奇迹的主要因素。还有学者把中国经济同印度经济对比，认为过去几十年印度经济增速落后于中国，进而认为**民主体制**并非经济增长的有利因素，有时候甚至成为集中力量办大事的阻碍；或把中国增长奇迹同南美某些国家相对比，从而得出结论，认为金融自由化也未必是有利于经济增长的。

与以上中国模式派不同的是"**普世模式派**"，其中比较有代表性的是张维迎教授。他认为，中国之所以取得令人瞩目的成就并不是因为什么中国模式，而是和英国的崛起，法国的崛起，二战后德国、日本与亚洲四小龙的崛起一样，是基于**市场的力量和企业家精神**，还利用了西方发达国家过去三百年间所积累的技术。张维迎教授在《我所经历的三次工业革命》一文中，总结了中国是如何在改革开放四十年的时间里，经历了西方世界二百五十年间所经历的三次工业革命。

张维迎教授认为"中国模式论"严重不符合事实，用"中国模式"解释过去四十年的成就，对内会误导自己，走向强化国有企业、扩大政府权力、依赖产业政策的道路，导致改革进程逆转；对外则误导世界，导致对抗。他认为所谓中国模式在西方眼里就是国家资本主义，认为我们今天所面临的不友好的国际环境，与一些经济学家对中国过去四十年成就的错误解读不无关系。

张维迎教授认为，很多中国模式理论其实是把"尽管……"当成了"因为……"。他说："当你看到一个人跑得很快，但缺失一只胳膊，如果你由此就得出结论说，缺只胳膊是他跑得快的原因，你自然就会号召其他人锯掉一只胳膊。"基于这样的逻辑，"普世模式派"对政府调控、产业政策和地方政府作用等，显然都与中国模式派有不同的看法。此外，他们认为有些国家比如印度虽然具备民主制度的条件，但是没具备别的有利于经济增长的条件，这并不意味着民主不支持增长；有的国家由于不具备中国这样的高储蓄条件甚至在金融自由化过程中操作不当，也不能说明"金融抑制"反而正确。

当然，"普世模式派"的解释也并不完全令人信服，因为如果中国模式真的没有任何特殊性，没有任何值得总结的经验，那么同样拥有市场化、企业家精神和西方三百年技术沉淀，为什么增长的奇迹没有在印度、俄罗斯、非洲等地发生而仅仅在中国发生？

显然，无论是"中国模式派"，还是"普世模式派"，都有失偏颇。前者过分重视增长的条件，因而忽视了经济增长的本质；后者则过分强调了增长的本质，而否定了增长条件的重要意义。

二、改革开放如何创造了经济增长红利的条件

中国改革开放的黄金四十年，首先是从"实践是检验真理的唯一标准"大讨论开始的，是从实事求是、思想的解放开始的。每个改革措施，放在四十年以后的今天看来，仿佛都是自然而然的正确选择，都可以作为增长的条件和成功经验来总结介绍，但当初这些改革措施哪一个不是在激烈的争议和分歧中破冰而行？

比如，1978 年从**安徽小岗村开始的"包田到户"**，是当初很多人冒着政治风险推动的改革，即便后来得到中央的肯定，成为全国推广的农业联产承包责任制，仍然有很多保守力量想不通，认为这是"辛辛苦苦几十年，一夜回到解放前"的倒退行为。直到这种个体生产方式在实践中迅速解决了农村温饱问题，并且承包制在乡镇企业和城镇经济推广中也获得良好的实践效果，"万元户"越来越多，类似个体经营、**"让一部分人先富起来"**的提法，才逐步被接受。而一旦承包制、租赁制在实践中遇到一些问题，保守思想就又会抬头。

又比如，1984 年以后在计划经济的大背景下，由高尚全先生等人小心谨慎地提出的**"有计划的商品经济"**，当时也是一个巨大的思想和观念上的突破，是多年以后社会主义市场经济、**"让市场在资源配置中发挥决定性作用"等思想观念突破的开端**——在之后三十多年的改革开放历程中，虽然总体是按照市场经济的方向改革，但是实践中究竟是市场发挥作用多一点，还是政府的调控多一些这样的争论直到今天也没有停止过，尤其是某些用行政计划手段干预市场和企业生产的做法，多次引发争议。

再比如 1986 年吴敬琏先生和厉以宁先生关于**价格改革**和**企业所有制改制**的顺序之争，20 世纪 80 年代的**价格改革"放"和"调"**的争论以及华生、张维迎等价格**"双轨制"**理论的提出。从 1987 年价格闯关失败，到 20 世纪 90 年代初放开粮食价格，逐步放开生活资料价格、生产资料的价格，到建立和健全劳动力市场、资本市场、土地市场等生产要素市场，伴随着 20 世纪 90 年代北京大学晏志杰教授提出**"按生产要素分配理论"**引发理论争鸣，直到现在，涉及人口政策与户籍制度、资本市场与实体经济的关系、土地产权等方面，仍然存在着种种似是而非的认识，影响着相关领域的市场化改革。

当然，**思想观念冲突最激烈的领域还是所有制之争**。随着民营经济的发展壮大，国有经济的股份制改革，从 20 世纪 90 年代后期国有企业"抓大放小"和改制过程中的职工下岗转岗的压力，到近几年国有企业和民营企业关系引发的争议，可以说，我们在这一领域的思想解放和理论认识上的突破还没有完成。尽管民营经济和私有财产的法律地位是明确的，中央文件也在不遗余力地支持民营经济发展，但是现实中民营企业经营环境的确越来越恶劣。一篇否定民营经济的文章居然会引起全国上下民营企业的普遍恐慌情绪，虽然中央及时出来表态，澄清了错误认识，但是中国为什么在改革开放四十周年时会出现这种论调还是值得深思。至于为什么民营企业家们普遍缺乏投资信心，不仅与原材料成本、地租成本、环保成本、税费成本、融资成本居高不下有关，更有资源配置方面的深层次原因。例如，为了支持和肯定民营企业，决策者明确强调民营企业为中国贡献了 50% 以上的税收，60% 以上的 GDP，70% 以上的技术创新，80% 以上的城镇劳动就业，90% 以上的新增就业和企业数量。可一个时期以来，在新增贷款总额中民营企业却只占了30%，究竟是哪些机制上的问题影响了社会资源流向民营企业？十八届三中全会明确**让市场在资源配置中发挥决定性作用**，现实中在资金、土地、劳动（户籍指标）、原材料、市场准入和产能配额等方面，应该找出那些阻碍了民营企业公平、有效率地获取上述资源的环节和机制，并加以改革。

在涉及国有企业的定位上，原国务院研究室综合司司长陈文玲撰文指出，**"当前对国有经济认识误区之一就是认为国有企业是国家的化身或者说是国家的代表，认为国有企业才是执政的基础……在对国有企业的管理上，国有企业的政治和意识形态色彩太浓，社会责任太重，应该给国企摘帽，使之像民营企业一样参与市场竞争"**。显然，不解决这些认识上的问题，在保守思想的影响下，国有企业的混合所有制改革也难有突破。

在对外开放方面，**深圳特区的成功**和它作为改革开放试验田对整个中国改革的积极影响以及**加入 WTO 融入全球市场**，都为中国创造了经济增长的条件。不过无论是当初深圳特区实验，还是加入 WTO 艰难谈判等方面，保守思想的怀疑都曾经给对外开放的进程造成压力。比如，当年在深圳特区问题上，有多少老干部当时都想不通，说什么灯红酒绿啊，资本主义啊等等；加入 WTO，有多少人说过这是卖国之类的话？如今再回想起来，这些人自己肯定都觉得不好意思，可是在当时那个特定阶段，这种思想就成为阻碍改革的保守力量。如今，面临着来自外部的新挑战，在对外开放方面的保守思想又可能演化出新的形式，如不加以警惕，仍有可能误导中国向着先进生产力发展、向市场经济开放的方向。

四十年来，虽然改革开放一直在破浪前行，但是在这过程的每个阶段，每个问题的实践中，改革思想与保守思想之间都可能存在认识上的分歧。有时候自以为是改革开明思想的人，也会在特定阶段、特定问题上认识受限、心里过不去，成为阻碍改革的保守力量。

所以说，**历史上有时候影响改革的的确是利益，有时候真的不是利益而仅仅是保守和落后的观念和认识。**如果改革之难，不是难在执政者的政治勇气，而是难在落后思想的桎梏，那就更应该认真研究、重新梳理四十年前开始的改革开放如何一步步创造了经济增长的条件，争取在理念和理论认识上面有新的重大突破，才能在下一步深化改革的实践中有更大的成果！

四十年的改革开放历程，不能说没有形成中国模式，问题是如何总结中国模式。正如刘世锦先生所说，**"我们必须要把自己真正的特色优势与计划经济遗留下来的过渡性的、要改革的东西区分开来，不能把后者当成体制优势加以固守"**。总体来说，中国模式创造的有利增长条件的确不是那些在影响改革过程中不断被迫退出的调控和干预措施，而是从价格逐步放开到全面的市场化改革；从所有制和产权方面的条件来看，经济持续增长的条件是民营企业的不断发展壮大，以及国有企业通过股份制改造和混合所有制改革而带来的活力增加，而不是相反；从营商环境条件上，地方官员政绩与经济指标挂钩的竞争机制的确发挥了重要作用，但是在法治对行政权力干预企业行为的有效约束前提下；从对外经贸关系看，则是吸引外资、引进国外技术、不断深度融入世界市场。

因此，从创造更多的增长条件方面，中国改革开放的确有很多的成功经验值得总结，所有这些成功经验的共同点都是**"放"而不是"收"**：从计划和市场来看，就是要更多发挥市场的作用，减少各种管制，反垄断，促进竞争，增加微观活力；从中央和地方关系来看，就是简政放权，多激发地方的积极性；从国企和民企的关系来看，就是要多激发民企的活力，同时给国有企业以更好的激励机制；从对外开放来看，则应该进一步扩大与先进和发达国家的经济交往……

三、中国高速增长红利的本质和真正的供给侧改革

不管是什么样的背景孵化了增长的条件，也不管是什么条件开启了增长过程，**经济增长的本质都是资本投入、劳动投入、土地（资源）等要素投入在技术进步驱动下的经济成果。**

上述经济增长的本质，用**新古典经济学的两要素增长模型**表示，就是 $Y=AF(K, L)$，其中，Y 是潜在 GDP，A 是技术水平，K 和 L 分别为资本和劳动，F 则代表资本和劳动的组织方式。也就是说经济增长的本质要么是资本 K 和劳动 L 的投入增加，要么是技术 A 的进步和社会组织方式 F 的变化所致。

用新供给主义经济学的理论，经济增长的本质就是**供给侧的五大财富源泉的动力组合**：其中制度是增长的条件（precondition），劳动、土地、资本是增长的要素（factors），技术是增长的驱动力（driving force）。

新供给主义经济学把制度进步与社会分工变化所带来的增长叫作**"斯密—诺斯增长"**（Smith-North Growth），把要素投入驱动的经济增长模式叫作**"库兹涅茨—索洛增长"**（Kuznets-Solow Growth），把技术创新带来的增长叫作**"熊彼特—罗默增长"**（Schumpeter-Romer Growth）。

比如，中国 20 世纪 80 年代的经济增长主要就是因为生产组织方式和社会分工变化带来**"斯密—诺斯增长"**。以家庭联产承包责任制为例，在短期内其实中国农业的土地、人口、技术都没变，就是生产组织方式的变化、社会分工的变化造成了粮食产量的大幅提升。中国 20 世纪 80 年代的承包制、租赁制、股份制改革探索，以及全国统一产品市场的形成，改变的既是微观的企业组织模式，也是宏观的社会分工，这就是典型的"斯密—诺斯增长"。**中国在这一类型的增长模式中享受了两大红利：一是制度改革红利，二是市场化红利，都是从增长的条件、社会分工角度提供增长动力。**

中国 20 世纪 90 年代以后的经济增长，主要是要素投入的增加和全要素生产率的提高。比如 20 世纪 90 年代以后大量劳动的投入、大量土地（资源）的投入、大量的资本投入，都可以归纳为要素投入和全要素生产率的提高，这就是"库兹涅茨—索洛增长"。**中国在这一类型的增长模式中享受了三大红利，即人口红利、土地红利、高储蓄红利。**

当然，四十年中国经济增长过程，每个阶段都兼带着以技术创新为驱动力的"熊彼特—罗默增长"，**中国在这种增长模式中既享受了来自西方三次工业革命的技术红利，也有自主创新的技术红利。**

从上述经济增长的本质分析，中国模式派所强调的本质上是解除各种供给约束、释放供给潜力的增长条件——这固然十分重要，而且未来的深化改革仍有可能继续带来制度改革红利和市场化红利，但是下一个四十年影响中国经济持续增长的人口红利、土地红利、储蓄红利、技术红利的确越来越少，劳动、土地、资本的供给结构和供给成本不再如前四十年，三次工业革命的技术红利也用过了……在这样的背景下，中国还能不能重复过去四十年高速增长的故事？

显然，如果中国还想再创造下一个四十年的增长故事，**唯一的选择就是破除成功幻觉、深刻认识经济增长的本质，分别从增长的条件、要素、驱动力出发，进行真正的供给侧改革**，包括但不限于：深化混合所有制、现代企业治理结构、市场化改革以保持更好的增长条件，持续提高社会分工的效率；同时，进一步深化人口、户籍改革以保持劳动力和人才的供给优势；深化土地制度改革，降低土地和资源成本；深化金融改革，降低资金供给成本；深化教育、创新体制改革，强化自主创新的技术驱动力……这些也就是为什么我们在 2012 年的时候就发表了《新供给主义宣言》，呼吁"供给侧改革"的学术源起。令人遗憾的是，一个原本抓住了中国经济增长本质的"供给侧改革"原理，却被个别学术投机者拿去抄袭、炒作，做各种瞎解释，造成了实践中的片面理解。例如一些行政干预市场的供给管理措施也被穿戴上"供给侧改革"的衣帽，结果不但影响了经济效率与公平，而且让很多真正的供给侧改革措施师出无名而被延误。

四、再造新红利，让财富的源泉充分涌流

既然"普世模式派"和"中国模式派"的胚胎发育论都认为中国过去四十年的成功是复制了工业革命，那工业革命的本质又是什么？复制完三次工业革命之后，中国经济是不是就没戏了？欧、美、日等在工业革命之后的经济增长动力又来自哪里呢？很多人讨论当前是后工业时代，那后工业时代的财富本质又是什么？

其实，工业革命的本质是拓展了人类财富的源泉，并改变了财富创造的方式。农业的财富源泉就是地球的表层土壤生态环境，创造财富的方式是利用动植物的繁殖生长的规律，所以农业的财富源泉是上天给定的，创造财富的方式也受到动植物生长时间的限制，因而财富总量是有限的。工业革命拓展了财富的源泉并改变了财富创造的方式，它把财富源泉从地表土壤拓展到所有地球自然资源，使人类创造财富的方式摆脱了动植物生长时间的限制，利用各种物理、化学方法任意加工自然资源，这才是工业革命带来经济增长的真正财富源泉的本质。

从财富源泉的本质的角度，后工业时代是**软财富时代**，包括**软性制造业、知识产业、文化娱乐产业、信息传媒产业、金融产业、高端服务业等软产业**，其财富的源泉是人类的思维，挣脱了地球自然资源的限制，满足的也不再是人们的基本物质需要，而是人们的精神需要——这不仅是后工业时代的财富本质，也是未来经济增长的方向。

所以，新古典经济学的两要素增长模型和新供给主义经济学的五大财富源泉增长动力模型，确切地说只是决定了现在的潜在 GDP，其增长的本质也就是当下的经济增长本质，那么什么是未来经济增长的本质？**新供给主义经济学认为就是人类财富源泉和财富创造方式的不断创新，是新供给不断创造新需求的过程。**比如，在乔布斯创造苹果手机之前，世界对它的需求是零；乔布斯重新发明了手机，新供给创造了新的需求，才使它走向辉煌。其实，

不止苹果手机，汽车、飞机都是一样的，在没有汽车之前人类就想跑得快，在没有飞机之前人类也想飞，但是只有这种具体的产品或服务被创造出来之后，才会有具体的需求，才会有新的经济增长。

从这个角度讲，所谓经济增长的本质，就是新的技术、新的产品、新的商业模式不断地出现，不断扩展财富源泉，满足人们之前不能被满足的需求。因而中国经济的下一个四十年，不仅要从现有的供给结构和五大财富源泉的增长条件、要素和动力出发，真正深化供给侧改革，同时也要面向未来，鼓励创新，引导新供给创造新需求——改变"供给结构老化"的办法不是用行政手段去干预那些旧供给，而是用市场化的办法去打造有利于创新的营商环境，去引导刺激新供给，不断升级供给结构，让供给升级引领消费升级，让新的财富源泉充分涌流。中国过去四十年的经济增长，的确吸收了西方文明的成果，中国经济未来能否行稳致远，就看能否为人类文明作出我们自己的贡献。

五、下一个四十年，需要再造新红利

刚刚过去的 2018 年，不仅是中国改革开放四十周年，也是日本明治维新一百五十年。明治维新，让日本一步一步变为富庶文明的国家；改革开放，则让中国走上了快速工业化和城市化的现代进程。

明治维新始于 1868 年，在长达一百五十年的时间里，日本不仅吸收了先进的西方文明，也很好地继承和发展了来自中国的儒家和佛教等传统文化。在经历了三个历史阶段的一次次深化改革以后，社会稳定而有序，国民心态成熟，进入 21 世纪以来已经连续获得 18 个诺贝尔奖。

相比之下，中国虽然同时期开始"洋务运动"，但是由于观念保守、改革不彻底，近代历史连年战乱，人民多灾多难，经济发展长期停滞。直到四十年前开启改革开放的伟大历程，才终于没有错过。

四十年，跟日本长达一百五十年的经济和社会发展相比，只是迈出了第一步，如今中国与日本的差距仍然不止一朝一夕。

四十年，对一代人来说不算短，对一个国家发展来说则不算长。

在四十年高增长以后，面对着改革红利、要素红利、技术红利的递减，持续深化改革和进一步扩大开放已经成为进一步解放生产力的迫切要求。历史上任何大国的崛起或民族的复兴，至少都需要百年以上的持续经济增长。

下一个四十年，再造新红利，每一个中国人都为推动改革开放作出自己的贡献，愿我中华早日成为更加富强、更加文明、更加受人尊敬的国家！

滕 泰

2019 年 1 月于北京

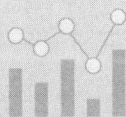

第一章
红利褪去的中国经济

当前中国经济正在经历着深刻的变化，在贸易保护主义挑起纷争、诸多因素造成民间投资持续下滑、经济滞胀恐惧、房地产"灰犀牛"风险等表象的背后，既有制度改革和市场化红利递减，也有人口红利、土地红利和高储蓄红利的递减，还有外来技术红利的递减……如果一个企业家励精图治、兢兢业业，而企业增长速度依然下滑，此时就要看看同行业的情况；如果发现同行业者比自己还艰难，就要看看相关行业的情况；如果很多相关行业都面临着严峻的挑战，恐怕就要考虑一下进退之道、转型的方向问题了——方向对了，坐地日行八万里；方向不对，你即便拼命奔跑也只能留在原地！

第一节　中国经济的企稳与结构转型

自 2010 年以来，中国经济经历了改革开放以来最长的一轮经济增速下行，这样接近十年的经济下行在全球经济史中也是比较长的。考虑到外贸争端的实质性影响、供给成本冲击、去杠杆的滞后影响等多重因素，2019 年上半年中国经济的下行压力仍在继续释放，如果房地产市场能够保持平稳，中国经济有望在年中企稳。2019 年既是中国经济在复杂外部环境下的触底企稳之年，也是在经历了近十年持续下行后的重要转型之年。

一、外部环境变得更加复杂

近年来，中国经济发展的外部环境已经发生了明显的变化，变得更加复杂。中美贸易争端表面上是中美贸易的失衡和一些党派竞争的政治因素导致的，但从产业发展阶段的角度来看，则有其深层次的原因。过去，中国更多的是承担了制造业加工为主的"送水人"角色。随着中国产业的转型升级，未来中国和美国的产业关系可能从上下游的互补上升到竞争合作。"中国制造2025"中提出创新驱动、质量为先、绿色发展、结构优化、人才为本的基本方针，涉及的制造业创新中心、智能制造、工业强基、绿色制造、高端装备创新等五大工程和生物医药、航空航天设备、新一代信息技术产业等十个领域，都是美国目前的优势领域。通过各种手段，遏制中国在高新技术领域发展的势头，同时巩固其高新技术产业龙头地位，并且促进国外制造业回流美国，改善美国国内的就业情况，是美国挑起贸易战更深层的诉求。

若贸易争端阶段性得以缓和，难免是以中国扩大对美进口为代价。进口增加长期来看能够发挥"鲶鱼效应"，倒逼中国产业转型升级，提高产品的市场竞争力，但是短期内会给国内相关产业带来冲击。如果贸易战不能得到缓解，则大概率会加征关税，降低中国产品在美国市场的价格竞争力，给中国出口带来实质性影响。中国对美贸易谈判只能从"两害相权取其轻"出发，作出艰难的选择。

二、"去产能"扩大化扭曲供给结构

2018年上半年，中国新增利润较多的行业主要是上游能源原材料行业，如油气开采业利润增长310%、黑色金属冶炼和压延加工业增长110%，除此之外，还有非金属矿物制品业、化学原料和制造业、电力、热力行业。这五个行业平均利润增速高达104.2%，占全部规模以上工业企业利润增长的67%。上述供给老化行业在利润暴涨的同时，其投资增速平均却只有1.46%。

与供给老化行业利润暴涨、投资锐减形成鲜明对比的是，那些投资保持较高增速的高端制造业利润增速却连续下滑，如通用设备制造业上半年利润增速只有7.3%、汽车制造业仅4.9%、电气机械制造业仅2.3%。与此同时，下游纺织业利润下降1.1%，计算机、通信和其他电子设备制造业利润增速为-2.3%，铁路、船舶、航空航天和其他运输设备制造业也出现了-1.6%的利润负增长。

上述利润和投资增速倒挂的根源，是"去产能"政策在执行中演变为行政干预市场的新计划经济行为，干扰了市场价格对于利润和投资的调节机制，导致相关行业产品由过剩变为短缺，产品价格和行业利润出现大幅上涨。

从"去产能"政策指向的重点行业来看，2016年之前，钢铁、煤炭、有色矿业、建材和炼化五个行业利润在工业总利润中的占比稳步下降，从14.43%下降到8.34%，这是供给过剩产业的正常现象，是有利于供给结构升级的合理情形。但2016年之后，这五个"去产能"重点行业在工业总利润中的占比居然上升至18.85%，绝对额从2015年的5681亿元，上升至2017年的13556亿元，增加7875亿元，增幅达到139%。

由此可见，在行政计划手段去产能的作用下，上游能源原材料产业的产品价格仍在被拉高，严重挤压下游制造业和新经济产业的利润，势必造成下一期投资增速下滑。例如，截至 2018 年上半年，以信息传输、软件和信息技术服务业为代表的部分新兴行业的投资增速已经连续 12 个月处于下降通道，还可能再下台阶；而传统劳动密集型的纺织行业，投资增速已从 2018 年初的 12% 下降到 6 月份的 0.8%，下降了 11.2 个百分点，如果供给结构扭曲的情况持续，很多下游行业将很快濒临亏损并有可能引发大面积失业。

传统供给老化行业利润暴涨、投资锐减，而新经济行业利润增速却受到严重挤压，如果不尽快放弃计划手段去产能，并改用税收等经济杠杆加以引导，必将进一步造成**旧经济虚张**、**新经济失血**、**下游利润被逐步掏空**，大幅降低经济的潜在增速。

三、从"金融收缩"到"金融扩张"的时滞

金融是现代经济的核心，金融的收缩与扩张是全球宏观经济不稳定的源泉。不仅央行的基础货币投放、商业银行、保险公司等金融机构的信贷和信用活动能够影响金融的扩张和收缩，而且资本市场的涨跌、房地产等资产市场的膨胀与收缩，都可以增加或减少社会信用的规模（见图 1），并引起宏观经济的波动。

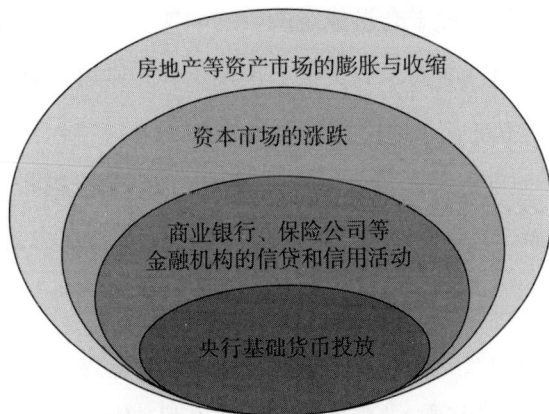

图 1　社会信用扩张的不同层次

当前正处于从"金融收缩"到"金融扩张"的滞后期。2017年以来，M1、M2增速持续下滑，社会融资规模存量增速快速下降，对经济产生了严重的负面影响，大批民企因为银行断贷或其他融资链断裂，面临经营困难，甚至破产的严峻局面。为了应对这种信贷和信用收缩可能带来的风险，2018年底和2019年，政策面上及时出台了一些调整措施。2018年11月至12月，地方政府和金融机构迅速成立了上千亿元的民营企业纾困基金，缓解上市公司的质押风险和民营企业的流动性危机。2019年1月，中国人民银行决定下调金融机构存款准备金率1个百分点，释放了流动性。2019年2月，中共中央办公厅、国务院办公厅和银保监会分别密集下发了《关于加强金融服务民营企业的若干意见》和《关于进一步加强金融服务民营企业有关工作的通知》，着力疏通货币政策传导机制，重点解决金融机构对民营企业"不敢贷、不愿贷、不能贷"的问题。习近平总书记在主持中共中央政治局集体学习时更是强调，"金融活，经济活；金融稳，经济稳。经济兴，金融兴；经济强，金融强"，更加注重金融与实体经济相互支撑、相互依存、相互促进的内在联系。随着相关金融政策不断落地，2019年1月广义货币（M2）企稳回升，社会融资规模出现了超预期增长，同比增长10.4%，存量规模创历史新高。

同时，股市在2018年持续大跌之后，2019年初也进入了恢复性上涨阶段。在过去几年，中国股市的持续下跌通过托宾Q效应^①打击投资、负财富效应打击消费、股票质押平仓形成金融收缩加速器三种渠道对中国经济产生沉重的下行压力；而当前如果股市能够出现反转，则可以刺激投资，形成消费方面的正财富效应以及正向的金融加速器效应。

当前，"金融收缩"的态势已经得到扭转，但"金融扩张"对实体经济的带动作用还没有显现，投资、消费、出口仍有一定下行压力，从"金融收缩"

---

① 托宾Q效应是由诺贝尔经济学奖得主詹姆斯·托宾于1969年提出的，是企业市场价值与其资产重置成本的比率。根据托宾Q效应，当股市估值低的时候，企业会更多地选择收购已有的公司股权，体现在宏观上就是新增投资增速大幅降低。

到"金融扩张"，大概还需要经历半年的时滞。

四、经济结构转型的方向与风险点

2019 年不仅是中国经济的转折之年，也是重要的结构转型之年。经济企稳不是在原有供给结构下的简单恢复，而是在新一轮科技革命起点上的经济结构转型。2019 年，是中国 5G 商用的元年，其高速率、低延时、泛在网等技术突破带来的产业革命和膨胀速度可能是 4G 的 N 倍。这不仅将推动物联网、智能驾驶等进入新阶段，还将带来很多我们现在还无法想象的新业态和新生活方式。同时，"人工智能 +"、工业互联网、新能源汽车等先进制造业都已经呈现出了高速增长态势。未来能够满足人们永无止境的精神需求、具有广阔发展空间的产业，如知识产业、信息产业、文化娱乐产业等现代服务业，也是经济结构转型的重要方向。中国经济的未来不取决于那些传统产业，而是取决于那些能够不断创造出新需求的新经济、新供给行业。

值得重视的是，房地产可能成为系统性风险的引爆点。日本、中国香港等国家和地区房地产市场的历史数据表明，在经历长期上升后，房地产价格一旦出现下跌趋势，短期内难以止跌，往往形成剧烈的金融收缩甚至引发金融风险，对宏观经济产生长期而严重的冲击。例如从 1991 年开始，日本 6 个主要城市的住宅土地价格指数在一年内下跌 18%，两年内跌去了 33%；1997 年后，香港住宅价格一年跌去了 33%，两年下跌了 43%。中国内地房价经历了近 20 年的上涨周期，已经接近房地产周期的尾端，此时不仅房价泡沫巨大，而且居民个人住房贷款总额到 2018 年第三季度末已上升到 24.88 万亿元。中国房地产投资的增速虽然已经从 2010 年最高的 38.2% 下降到 2018 年的 9.7%。但从房地产占固定资产投资额比重来看，却一直在 20% 上下波动，并没有出现明显的下降。从成交量上，30 个大中城市的商品房成交面积已经从 2016 年的 2.7 亿平方米，下降到 2017 年的 1.8 亿平方米。目前房地产的价格还不到质变的临界点，但在"房住不炒"的背景下，如果"房价不涨"的一致预期不断被强化，房地产价格的临界点估计也不远了。传统房地产业对经济的支撑能力在明显下降，房地产市场仍是 2019 年重要的潜在风险点。

五、经济阶段性企稳的前提条件

面对外部经贸的变化，中国不应该再增加出口补贴而应顺应潮流大规模减少出口补贴成本用于国内的供给结构升级；同时还要持续扩大高技术产品、优质生活用品和原材料进口，满足人民美好生活需要，逐步实现贸易总量平衡。

为了改变供给结构扭曲的严重局面，政府一方面应该大规模降低非过剩产业的增值税率和企业所得税率，同时也可以对过剩产业适当加税。目前政府对钢铁、煤炭、炼化、建材、有色行业的行政指令仍然没有取消，主要是担心一旦取消后大规模复产，会造成更大的产能过剩。然而长期用计划指标控制上述行业的产能，使市场配置资源成为一句空话，让市场不能出清，让这些所谓过剩产能行业的产品享受过高的价格，有违效率和公平。建议改用市场化的手段如税收来调节，变"行政计划手段去产能"为用"经济杠杆去产能"，扭转中国经济供给结构进一步扭曲的状况，推动供给结构升级。

确保资本市场和资产市场稳定发展，避免剧烈金融收缩。当前民营企业的流动性危机已经得到阶段性缓解，但融资难、融资贵的问题依然存在，只有尽快稳定信贷、稳定信用，积极拓宽民营企业的融资渠道，才能稳定经济，进而稳定就业。同时，在股市的恢复性上涨期，需要出台战略性的呵护措施，让股市信心得以持续恢复，变"负投资效应"为"正投资效应"，变"负财富效应"为"正财富效应"，变金融收缩加速器为金融扩张加速器。此外，还应提前建立房地产市场风险预警指标和应急应对方案。对于有可能诱发房价崩盘风险的相关政策，如房产税等的讨论，一定要慎之又慎，确保房地产市场不崩盘，不引发系统性风险。

如果能处理好以上三个结构性问题，那么在去产能告一段落、从去库存到补库存、从金融收缩进入恢复性金融扩张等短期因素的作用下，中国经济有望于 2019 年年中企稳。

第二节　中国会不会上演"失去的20年"

中美贸易争端已经历了多个回合的磋商，会阶段性峰回路转，还是有可能成为一种常态？中国在经济总量成为全球第二之后，除了面临美国在贸易、科技等方面的压力，人口老龄化、房地产泡沫等很多方面都让人们联想到日本"失去的20年"。中国经济会上演"失去的20年"吗？

一、中国经济不同于20世纪90年代的日本经济

鉴于中美两国过去四十多年来形成了广阔的共同经济利益基础，此次中美贸易摩擦不应该被夸大为所谓的"新冷战"。而考虑到中国的发展阶段、贸易依存度、广阔的国内市场、中国在新一轮科技革命中的机遇，中国与20世纪90年代的日本不同，如果能够从中汲取教训，应对得当，有可能取得更好的结果。

首先，中国的人均收入刚刚接近1万美元，距离高收入国家相距甚远。而日本当年遭遇美国贸易战打击、老龄化危机和房地产泡沫破裂时，人均收入已经进入发达国家前列。在不同的经济水平和发展阶段，即便遭受到同样的贸易遏制，产生的效果也不一样。况且中国的老龄化水平，并没有当年日本那么严重，在放开人口政策、户籍制度改革、工程师红利等方面还有延续人口红利的空间。

其次，虽然中国经济的贸易依存度比较高，但与当时日本对外贸的依赖程度相比还是有很大差异。事实上，中国的贸易依存度已经从2006年的60%左右，下降到了现在的30%左右，贸易摩擦的影响可以控制在一定范围以内。此外，2019年中国对日本、欧洲各国、东盟各国、巴西、俄罗斯等新

兴国家的出口增长，在一定程度上也能够对冲部分对美出口下滑的影响。

第三，从拉动经济增长的主要需求力量分析，2018 年中国社会商品零售总额的年同比增速仍然在 8% 以上，**内需和消费已经成为总需求增长的主要构成部分**。

此外，以 5G、新能源汽车、知识付费、新娱乐等为代表的**先进制造业、现代服务业等新经济，未来能够创造出更多新的需求**，有望继续引领消费市场景气度不断提升。

二、会不会上演"失去的 20 年"关键看国内改革能否再造新红利

总结中国经济过去几十年高速增长的原因，是经济增长的条件、要素和驱动力三个方面共同作用的结果，带来了改革的红利、要素的红利和后发技术红利。

中国经济的改革红利从制度和市场化两个方面，提供了经济高速增长的条件。制度上，从家庭联产承包责任制到租赁制、股份制改造，建立完善的法人治理结构、混合所有制等，制度改革一直在一步一步走向深入。市场化方面，从 20 世纪 80 年代的双轨制、生活资料和生产资料的价格放开，到建立统一的产品市场，建立劳动力市场、资本市场、土地市场等要素市场，再到加入 WTO 等，中国已经深度卷入国际分工。

中国经济 40 年的增长也离不开增长要素带来的人口红利、土地红利以及高储蓄红利。20 世纪 90 年代，数亿农村劳动力转向城市工业，低劳动力成本使得中国加工企业形成了重要的竞争优势，人口红利效应明显。丰富的土地、煤炭等自然资源，为中国承接了部分发达国家的产业转移，为融入国际分工提供了重要的物质基础。同时，高储蓄的资本积累则为工业化提供了重要的金融保障。

后发技术红利是改革开放以来中国经济增长的驱动力。三次工业革命技术的发展，使得中国能够通过大规模引进成熟技术、引进具有技术优势的外资企业、人才，享受技术的后发优势，并通过自主技术创新开发新产品、新

技术、新模式、新业态。

2010 年以来中国经济增速持续下行，从长期来看，核心矛盾在于上述三大红利的递减。

从增长的制度条件来看，改革红利正在递减，包括两个方面：一个是制度改革红利的递减，该建立的企业公司治理结构、粗线条的企业制度方面的改革已经完成，但是在如何进一步深入混合所有制，或者在微观上如何进一步激发民营企业和国有企业更大的活力方面，要么在理念上有新突破，要么在设计上有新突破。如果在理念和设计上都没有突破，改革停滞不前，那么改革红利可能就会递减。第二个方面是市场化的红利，在经历了从无到有的改革之后，未来需要更完善、与国际接轨的市场经济制度。

从增长的要素来看，人口、土地和高储蓄红利都在递减。为什么很多企业，比如福耀玻璃去美国建厂，有的往越南和东南亚的国家搬迁？这跟劳动力成本上升有巨大的关系。户籍制度和社保制度改革也是非常缓慢的，比如网约车，很多城市规定了必须是本地户口、本地牌照，这样就把新供给的增长力给限制了。同时，伴随着地价的上升，各种自然资源价格也在上升，削弱了有利于经济长期增长的土地红利。高储蓄红利方面，20 世纪 80 年代以后的高增长，很大程度上是中国的高储蓄提供了低廉的资本，但今年却出现了很多民营企业的杠杆破裂。储蓄率很高的国家，为什么制造资本稀缺？怎么样使资本红利显现？

在增长的驱动力方面，中国在 40 年时间里完成了其他西方国家 300 年的技术革命，未来技术的后发优势越来越小，未来增长的驱动力更多地要靠自主创新能力。

短期来看，需要进一步激发中国市场的活力，应对贸易摩擦的冲击。中国有非常庞大的消费市场，有着庞大的人口基数和多元化的产业纵深。需要有效地、更好地激发内生需求和企业的活力，进而缓冲和化解整个贸易摩擦带来的冲击，比如大力度减税、降低企业融资成本等。从中国和美国的贸易情况看，中国在货物上确实有一定的顺差，但在服务贸易方面，2018 年中国

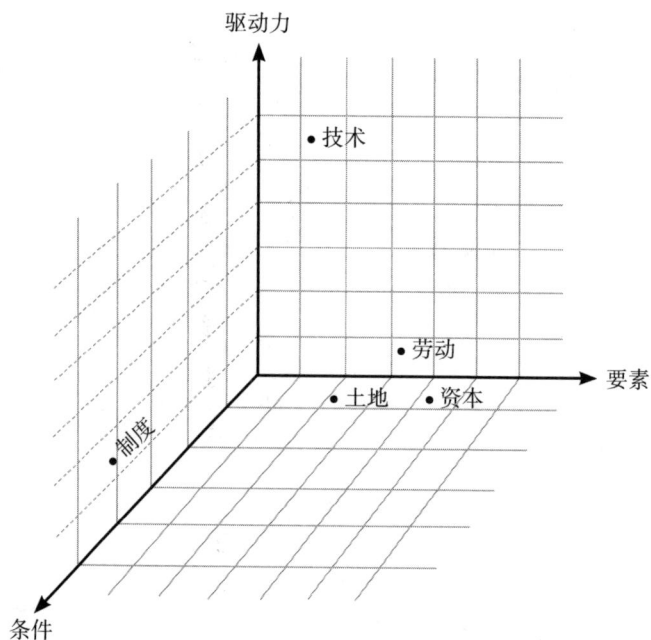

图2 新供给主义经济学增长动力模型

则有大约五百亿美元的贸易逆差，这是中国要着力改善的方面。

从长期来看，未来中国经济还能不能重复过去40年高增长的故事，还是取决于内生增长动力，取决于能不能深化制度改革，继续优化经济增长条件；能不能深化要素结构改革，降低要素的供给成本，提升要素供给效率；能不能转换增长驱动方式，从后发优势到创新优势转变，提升经济增长的内生驱动力。如果能够从增长的本质出发，抓住中国的长期性问题，实施有针对性的改革措施，让要素红利递减，在未来可预见的时间中得到扭转和改变，则有可能进入下一个40年的改革增长。

第三节　中国经济会"滞胀"么

根据国际货币基金组织（IMF）数据，2018 年委内瑞拉的通货膨胀率超过 1000000%。过去油气资源的绝对优势和高油价掩盖了高度依赖出口和债务的畸形经济，一旦贸易受阻，委内瑞拉所拥有的一切"富得流油"的财富幻觉，都会演变为"资源魔咒"，就如同决堤洪水一样迅速溃败。商品供给进入极度短缺的状态，食物被大量哄抢，民众拥挤在满载纸币的货车中，只为换取一小袋面粉，曾经强势的玻利瓦尔（委内瑞拉货币单位），在食品的刚性需求面前，如同衣衫褴褛的乞丐一般。如果这种趋势不能得到有效遏制，可能会直逼 1923 年德国魏玛共和国九位数的通货膨胀，抑或 2009 年津巴布韦币十一位数的货币贬值。打倒这个曾经荣获世界上最高幸福指数国家的，不是战乱、不是天灾，而是通货膨胀。

在中国，通胀也留下了太多的历史伤疤。民国时期法币和金圆券贬值的历史不必再提；20 世纪 90 年代，一度上演的抢盐、抢醋、抢米风潮，带给中国人的通胀忧虑和恐惧远比其他发展中国家严重。无论是国家领导人、普通百姓还是股市投资者，莫不视通胀如"虎"，谈"虎"色变。

对于"滞胀"，中国人则感到相对陌生，那似乎是一只比通胀之虎更为可怕的幽灵。美国在 20 世纪 70 年代经历的滞胀，不仅年均通货膨胀率前所未有地高涨（年均通胀率高达 10% 以上），而且平均每 3 年多就有一次衰退。政府束手无策，企业苦不堪言，居民的财富被物价和经济双重洗劫。从 1969 年 12 月爆发经济危机，到 1982 年 12 月，美国停留在滞胀阴影下的时间长达 13 年之久！

2013 年以来，中国居民消费价格指数 CPI 同比增速一直在 2.0% 上下波动，物价总体长期保持稳定。但人民币汇率波动、非洲猪瘟袭来、房租价格上涨等因素，导致市场通胀预期开始上升，加之外部环境出现明显变化，出口的不确定性提升对经济造成一定下行压力，部分市场人士由此得出了"经济滞胀"的结论。中国会滞胀么？

一、中国经济有"滞"无"胀"

滞胀在宏观经济上的表现是，经济发展停滞不前，但物价却持续上涨。2010 年以来中国经济连续多年持续下行，经济面临着转型压力，传统的房地产业和传统制造业对经济的支撑能力明显减弱，新经济、新动能还没有能够扛起拉动中国经济高速发展的大旗。同时受外部的贸易环境和内部的金融收缩的影响，经济在出口和投资方面面临一定的压力和不确定性，中国经济确实有"滞"的风险。

而"滞胀"的内在逻辑有两个：一是石油、钢铁、煤炭等原材料价格上涨造成供给成本上升，经济增速放缓；二是金融过度扩张，货币政策刺激导致流动性过剩，推动用工成本和物价同时上涨，经济增速放缓。可见，导致滞胀发生的以上两个因素的本质，都是要素供给成本上升带来物价上涨的同时，也对经济产生了负面影响。

从当前经济来看，近年来，中国经济的土地和用工成本一直居高不下，去产能的扩大化确实造成了部分原材料价格的上涨，但实际上物价同比增速一直保持在 2% 上下波动，上游价格上涨并没有带来物价的"胀"。

从物价的影响因素来看，当前我国物价水平在很大程度上还是受到食品周期的影响，其中以猪肉价格的波动影响最大。当前中国食品价格稳定，局部地区爆发的非洲猪瘟，对食品价格的影响还有待观察，目前并没有造成猪肉和其他肉类价格的大幅上涨。

二、原材料价格对物价的实际影响小于直观现象

前期环保限产和去产能扩大化导致部分原材料的供给出现明显收缩，部

分工业品价格短期内大幅上涨，以及汇率贬值给经济带来输入型通胀的压力，都属于原材料上涨对物价的压力。从前期上游原材料价格上涨情况来看，其向中下游的传导并不顺畅，PPI 的波动对于 CPI 的影响十分有限。

实际上，原材料价格上升，并不必然引起终端物价水平上涨，或者说并不像大家想象的那么直接。从原材料价格上涨到物价上涨需要经过三个环节的"过滤"：产业链的分摊、劳动生产率提升的对冲、下游过度竞争下的利润稀释。首先，上游原材料涨价会在全产业链的每一个环节进行分摊，原材料在每一个环节所占比例不同，其对终端消费品的成本压力也不一样。产业链越长，往往最初上游原材料的占比被稀释次数越多，对于终端产品的影响往往越小。其次，生产环节、技术进步和生产效率的提升，以及原材料的可替代程度，也会改变最初原材料的使用比例、使用量和使用效率，进而对冲成本上涨压力。第三，下游过度竞争的环境下，会通过挤压下游企业自身的利润，对终端消费品价格的涨幅形成抑制。可见，三个环节每一层都会分摊掉上游原材料价格上涨的影响权重，最后对于终端物价的影响，往往小于直观想象。

如果观察剔除食品和石油两方面的因素，核心 CPI 的同比变化，可以发现，2018 年物价水平基本维持在 1.9% 水平，反映工业周期的物价水平依旧稳定，通胀压力不大。

三、成本上升若不冲击物价，必然冲击投资

虽然"滞胀"的说法并不能准确反映中国经济的运行情况，在逻辑上也缺乏依据，但是**供给成本上升对于经济的负面影响却是值得高度重视的**。2018 年，受到去产能扩大化造成的原材料价格上升的影响，上游传统行业的利润增速较高。如石油和天然气开采、黑色金属冶炼和压延加工等上游行业利润出现了成倍上涨，但中下游高端制造行业利润增速大大低于上游能源原材料行业，甚至部分行业还出现了负增长。计算机、通信和其他电子设备制造业及铁路、船舶、航空航天和其他运输设备制造业的利润增速一度出现了

负增长。

当期的利润是下一期扩大投资的重要基础，而当期利润明显下降可能对下期投资带来负面影响。从固定资产投资增速来看，高端制造业的投资增速大大高于传统制造业投资增速。高利润的上游行业固定资产投资增速很低；而投资增速较高的高端制造业利润却远远低于上游产业，这就可能导致高端制造业的投资增速面临进一步下行风险。

面对供给成本上涨对于下游行业利润的挤压和可能带来的物价上行压力，应从两个方面着手解决：一方面，从市场供需关系着手，防止过度行政干预对于市场供给的扭曲，使上游能源原材料产品价格回归到供需平衡状态，从根本上降低供给成本，缓解下游行业的成本压力和终端物价的上行压力。另一方面，尽快实施结构性减税措施，对冲原材料上升冲击。原材料价格对于中下游民营企业已经造成的利润负面影响难以逆转，需要尽快对中下游高新技术产业实施结构性减税政策，通过税收的调节作用，对冲原材料成本上升的负面影响，改变利润结构扭曲的趋势，平衡利润结构，稳定下期投资。

总之，如果任由上游原材料价格上涨，而下游制造业由于过度竞争又必须自行消化上游成本，那么中国经济虽然没有通胀风险，却必然会导致下游制造业经营困难，进而打击投资，加剧经济的下行压力。

第四节 影响民间投资的深层次原因

2018 年，中国民间企业固定资产投资增速在大幅下滑后已经阶段性企稳，但基础并不牢固。近期又出现了可能会导致民间投资大幅下滑的因素，比如经济悲观预期再起、原材料成本上升、流动性困难、企业盈利能力下降、资本市场的负面冲击等，值得高度重视。如不及时采取风险防范和对冲措施，未来民间投资可能再次出现大幅下滑的风险。

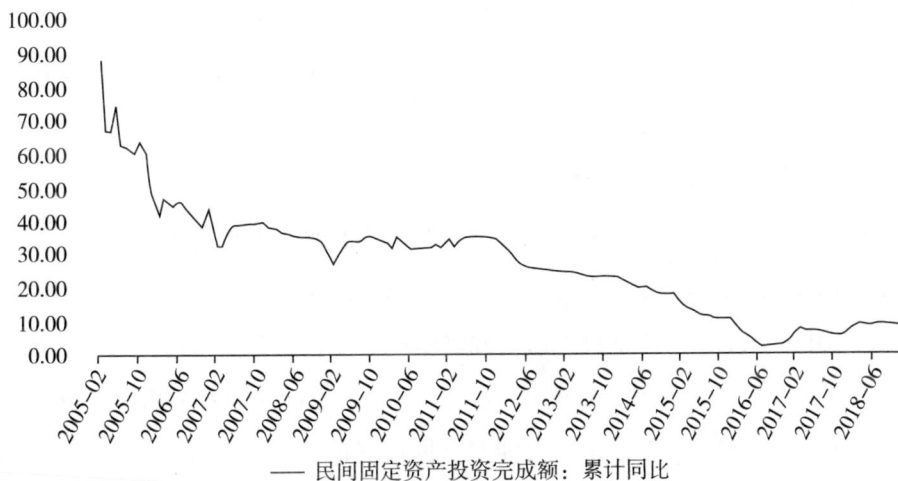

—— 民间固定资产投资完成额：累计同比

图 3 民间固定资产投资增速

一、企业的发展很难独立于宏观环境

一个企业的命运，一个投资机构的命运总是同它所处的经济环境、同国家的命运息息相关。2018 年，只有身处其中的企业家才知道有多么艰难，很多"黑天鹅"都一一降临。

很多企业家一方面觉得很痛苦，另一方面凭着多年风风雨雨锻炼出来的企业家精神，不但不绝望，而且还通过个人的努力试图战胜内部、外部环境带来的压力，结果大部分差强人意。

2018年中国经济的外部环境出现了明显变化，但很多外贸企业根据中美局势的变化调整了经营方式和进出口节奏，所以2018年前三季度中美贸易摩擦对于出口增速的实质影响并不明显。但2018年第四季度以后，中国出口增速出现了明显下滑，预计中美贸易摩擦的滞后影响将会在2019年开始显现。

内需方面，2018年住房类和汽车类传统消费品有明显降温趋势，社会消费品零售总额增速跌破了9%，出现明显放缓。内需低迷和外需冲击使得企业家对于未来经济的信心下滑。2018年12月，制造业PMI更是跌破了50的荣枯线，大、中、小企业全线走低，生产指数和新订单指数等供需指标双双走弱，悲观预期再起。对宏观经济稳定的预期有利于民间投资增加，反之，悲观的预期也会反作用于实体经济，可能会对未来投资产生下行压力。

二、各种成本持续上升

2018年，受到去产能扩大化造成的原材料价格上升的影响，上游传统行业的利润增速较高，很大程度上挤压了下游高端制造细分行业的利润增速。截至2018年11月，计算机、通信和其他电子设备制造业与汽车制造业的利润分别出现了 -0.4% 和 -6.0% 的负增长。而这些行业恰恰是投资增速较高的行业，当期利润的明显下降可能对下期投资带来负面影响。实际上，从细分行业投资增速来看，利润供给结构的扭曲对于投资的负面影响已经开始显现。其中，计算机、通信和其他电子设备制造业的固定资产投资完成额累计增速从2018年2月的21%已经下降到2018年12月的16.6%，如果上下游的利润扭曲得不到改善，未来还可能再下台阶。加之近年来，环保压力越来越大，相关部门对企业的"关心"程度和频率也越来越高，部分企业每周就要接受一次环保督查，占用了企业家大量的、本该用于生产经营的精力，也提升了隐性的经营成本。

不仅如此，如果把时间放长来看，企业的用地成本、人工成本、研发成本等，这几年都出现了明显上升。2000年以来，中国土地、地租的价格成倍上涨，导致很多企业的利润受到挤压。中国有最严格的耕地管理制度，在工业用地、集体用地方面，产权不明晰、审批环节过多、土地流动效率低的问题也非常突出。

根据德勤的统计，2005年中国制造业人工成本为0.8美元/小时，2015年达到了3.2美元/小时，涨了4倍。其中，有人口老龄化的原因，有户籍制度对于人口流动的抑制，也有职业教育市场不完善造成劳动供需不匹配的因素。除了显性用工成本的上升，还有由于用工制度的不完善带来的隐性用工成本的提升。以2007年出台的《中华人民共和国劳动合同法》为例，在保护劳动者权益的同时，也增加了企业的劳动使用和停用供给成本。譬如，劳动法规定，仅当员工严重违反用人单位规章制度，严重失职，营私舞弊，给用人单位造成重大损害时，公司才能解除劳动合同。对于一般性错误，如果企业辞退员工，企业需给予经济补偿。在用工期限方面，员工连续签订两次固定期限劳动合同后，如需续订劳动合同，应订立无固定期限劳动合同。劳动供给成本统一的用工标准难以适应企业实际情况，尤其是在经济下行压力较大的背景下，企业很难根据自身的经营情况调节用工比例，这无形中降低了企业用工的灵活性，增加了用工供给成本。

除了要素成本的上升，随着中国进入工业化后期，后发技术红利开始递减，企业的研发成本也存在上升趋势。原来靠借鉴国外工业化革命成果、加上必要的自主创新和本土化改进的传统模式难以持续，未来企业需要靠自主研发创新，开发新产品、新技术，或建立新的商业模式。目前，Intel和高通每年的研发投入占营收的比重超过20%。微软、谷歌、三星和苹果这些科技巨头，每年投入到研发领域的费用都超过100亿美元。而在中国，大多数企业的研发投入占营收比重都低于5%。截至2018年上半年，在3500多家上市公司中，研发投入占营收比重超过10%的不到300家。未来"搭便车"的机会越来越少，企业的自主创新压力和相应的成本支出也会越来越高。

原材料、土地、人工等要素成本，以及研发成本的上升，会给企业当期的经营带来沉重的压力，如果不能通过市场化机制进行产业链传导，或采取减税、简政放权等措施对冲成本上升的负面影响，就会挤压企业当期的利润，造成对下一期投资的拖累和挤压。

三、断贷与融资成本冲击

融资问题一直是悬在民营经济头上的"一把达摩克利斯之剑"，2018 年在金融去杠杆的背景下，融资问题进一步激化成流动性问题，甚至蔓延到生产经营层面。很多民营经济本来正响应时代的大趋势，不惜投入多年积累下来的所有资金，大刀阔斧地进行产业转型。他们预期到了创新失败的风险、产业更新迭代的风险、人才流失的风险等等各种产业转型的风险因素，但是却倒在了金融去杠杆的断崖之下。很多转型已初见成效的企业，由于短期资金链断裂，功亏一篑，不仅新产业转型失败，有的甚至不得不割舍掉一手创办、经营几十年的企业的控制权。

据 Wind 统计数据显示，截至 2018 年上半年，A 股 3531 家上市公司中，有 3510 家上市公司进行股票质押，占比高达 99.41%，其中 138 股质押比例超 50%，全市场有 837 家公司存在平仓风险，涉及股票市值 5319 亿元。股权质押是中国民营企业的主要融资方式之一，持续下跌的股市使得许多上市公司的股票接近了质押的平仓线。不仅如此，2018 年 5 月社会融资中，企业债券净融资十个月来首次出现下降，减少了 434 亿元，同期民间固定资产投资增速连续两个月下滑。截至 2018 年 5 月末，公司信用类债券违约后尚未兑付的金额 663 亿元，超过 2017 年全年规模。企业债券净融资减少、民间投资下降与违约事件增多同时出现，使得民营企业的流动性问题雪上加霜。虽然 2018 年下半年，相关部门及时采取了应急措施，成立了专门的纾困基金，用于缓解民营企业的流动性问题，但纾困基金的落地效果仍有待观察，低评级的民营企业债券发行仍然存在一定困难。前期流动性冲击对于民间投资的滞后影响仍不可忽视。

从投资回报率来看，剔除上游原材料行业的资产回报率与融资成本之间的差距也出现了再次扩大的迹象。2017 年上市公司总资产回报率没有出现下降，还略有回升，较 2016 年回升 0.4 个百分点，但是剔除有色金属、钢铁、化工、采掘、建筑材料的上游行业之后，2017 年上市公司总资产回报率为 5.9%，不仅低于 2016 年的 0.14 个百分点，而且低于 2014 和 2015 年的水平，是近四年以来的最低水平。同期，金融机构人民币贷款加权平均利率从 2016 年底的 5.44%，上升到了 2017 年 12 月份的 5.8%，上升了 0.36 个百分点。成本与资本回报率的结构扭曲，也会为下期投资带来一定负面压力。

当前民营经济贡献了 80% 以上的城镇就业、60% 以上的 GDP，在中国经济中发挥着不可或缺的重要作用。但很多企业家，在去产能过程中，亲身经历了上游国有企业与中下游民营企业财富的再分配过程；在去杠杆中，看到了太多的同行企业倒在了最后冲刺的一公里；在中美贸易战中，感受到了全球供应链的脆弱性；在一些管制措施中，嗅到了新计划经济的味道，且在各种成本的压力下负重前行。应及时采取有力措施，大力度减税降费，降低融资成本，深化改革，降低生存要素成本，改变民间投资低迷的状况。

第五节 当总需求刺激效应递减

一、需求管理的思想由来——从西斯蒙第到凯恩斯

工业社会早期，产业结构相对单一，收入分配两极分化严重，这段时间，西斯蒙第、罗伯特·欧文和卡尔·马克思先后从供求关系变化角度，研究经济周期性波动的原因，认为发生经济危机是因为分配不公导致相对生产过剩，对应的经济政策就是计划经济。但是在 1929 年至 1933 年的"大萧条"之前，西方就已经经历了十几次经济危机，每次都伴随着大批企业倒闭、大量工人失业和物价暴跌，当时的主流经济周期理论也受到了挑战。

工业社会中期，尤其是"二战"以后，产业结构已高度复杂和多元化，有的产业供给不足，有的产业供给过剩，成千上万的产业此消彼长，产业之间能够有效对冲。受国际共产主义运动的影响，收入分配的极端现象有所缓解，工业化成果向更多人扩散，中产阶级逐步形成，生产相对过剩不再明显。这个阶段，占据周期理论主导的是凯恩斯，他认为边际消费递减、流动性偏好和资本边际效率递减，导致总需求和有效需求不足，对应的经济政策就是相机抉择。

其实，生产过剩（Oversupply）和需求不足（Insufficient Demand）是一个硬币的两面，本质上都是从供给和需求的关系变化，来讨论经济的周期性波动。

在 20 世纪 70 年代，这两派同时进入了低潮，一边是苏联和原东欧社会主义国家在计划经济主导下出现发展缓慢、经济结构失调的问题，一边则是美国经历了"滞胀"之苦。

美国的里根总统和英国的撒切尔夫人，都是在反思凯恩斯需求刺激政策

之后，从供给侧寻找推动经济增长的措施，比如实施了大规模的减税政策、放松行政管制、放松行业垄断等等。同时期，在中国，邓小平也开启了改革开放的大门，开始从计划经济向市场经济转型。

二、中国的需求管理政策

在改革开放初期，中国还在计划经济向市场经济转变的逐步适应与改革中，宏观管理的思路更多是计划性的，以各种规划、计划、产业政策作为宏观经济管理的主要手段。从20世纪90年代以来，随着社会主义市场经济体制的逐步确立，凯恩斯主义的宏观调控手段接替了政府的计划之手，顺理成章地成为对中国宏观经济管理的主要手段，而且影响越来越大。

中国第一次系统的需求管理政策始于1993年到1996年的货币政策与财政政策"适度从紧"。针对1992年开始的经济过热，1993年9月中央政府发布了16条紧缩措施，包括：提高存贷款利率、控制信贷规模、制止乱集资、发行国库券、削减基建投资、通过审核排队的方式严控新开工项目、严格审批和认真清理开发区、停止出台新的价格改革措施等等。1994年各项紧缩措施更为严厉，1995年又两次提高贷款利率。

1993年到1996年底的紧缩政策，虽然控制了通货膨胀和经济过热，但是很快中国经济就出现了所谓"硬着陆"，很多城市到处都是烂尾楼。更不幸的是，宏观紧缩又遭遇了亚洲金融危机，因此自1997年下半年开始，我国经济又陷入通货紧缩。之后，中央政府取消了贷款限额控制、下调了法定存款准备金率、多次降低了存贷款利率，才逐步走出通缩阴影。

第二次比较值得回顾的需求管理时期是2003年到2004年。由于加入WTO后经济增长加速，在快速工业化和城镇化的过程中，钢铁、水泥、电解铝和房地产等行业出现高速增长，超出了宏观决策部门心中的合理指标水平，因而引来了非常严厉的紧缩措施——政府出台了关于抑制过剩产能的文件，多次上调利率和存款准备金率，缩减长期国债规模和中央财政赤字，减少部分商品出口退税率等。

第三次比较不幸的紧缩发生在 2007 年到 2008 年上半年。面对一向比较害怕的物价上涨，2007 年决策部门又开始了所谓"适度紧缩"货币政策，防止经济增长由偏快转为过热。2007 年 12 月，又将稳健的货币政策调整为从紧的货币政策，严格控制货币信贷的总量和投放节奏。2008 年上半年，连续 5 次上调存款准备金率。这次紧缩之所以说它不幸，是因为它与 1997 年那次很相似，又遇上了全球金融风暴，从而使中国经济各项指标迅速全面下行，到 2009 年第一季度，GDP 增速只有 6.1%。

之后，就是 2008 年下半年的全面宽松，央行连续 5 次下调利率和存款准备金率，政府实施 4 万亿刺激计划，中国经济在 2010 年第一季度达到阶段性增长的高点。

2010 年第一季度以来，由于各种原因，中国经济事实上经历了两次货币紧缩政策：一次是 2010 年到 2011 年为了控物价、控房价的双紧政策，一次是 2013 年"钱荒"以后企业实际融资成本迅速攀升。而与此同时，美国、欧洲、日本连续执行货币量化宽松政策，结果美国经济逐步走出危机、反弹复苏，而中国经济直到 2019 年仍然没有走出经济下行周期。

三、总需求刺激效应递减

二十年的总需求管理历程中，我们的宏观调控确实刺激过经济增长，也平抑过通货膨胀，但是由于经济本身非常抽象，需求管理的节奏难以准确把握，再加上对外部经济环境变化预判不足，造成中国经济运行的波动并未被有效熨平反而阶段性地被放大，需求刺激效应越来越递减。

过去二十年我们之所以这么频繁地干预需求，主要是受到凯恩斯主义需求刺激学说的影响，以及货币主义对中国通货膨胀治理逻辑的影响。

凯恩斯主义的全部理论都建立在三大假设基础上：边际报酬递减、边际消费倾向递减和货币流动性偏好。如果这些假设都正确，需求不足一定会周期性出现，因此凯恩斯主义认为政府必须阶段性通过财政政策和货币政策刺激总需求才能维持经济增长和就业。

　　而货币主义则坚信一切通胀归根到底都是货币原因造成的（而事实上，中国过去二三十年的多次物价上涨大部分都是供给侧的原因），因此只要物价指数超过他们的舒适点，他们就毫不犹豫地要求政府紧缩货币。

　　在以上两种思想的交替指导下，在 2012 年以前的十几年时间里，每当经济增速有所下滑，决策部门就会高举凯恩斯主义的大旗，拼命刺激"踩油门"；每当通胀有所抬头，决策部门就会举起货币主义的大旗，拼命紧缩"踩刹车"——频繁地"踩油门"和"踩刹车"的结果，是中国经济越来越颠簸，经济周期也越来越短。

　　关于货币发行与物价的关系，很多人错误地相信了货币派的"放水论"。比如，坊间流传中国超发了多少万亿货币，并严厉要求政府长期保持偏紧的货币政策，以防止通货膨胀。问题是，中国从 20 世纪 90 年代中期就逐步进入了"过剩经济"阶段。在制造业产能严重过剩的背景下，普通的制造业产品很难涨价。货币主义同凯恩斯主义错误的根源同样在于他们只看到"硬币"的一面——需求，而不去分析"硬币"的另一面——供给。事实上，只有超出过剩产能的货币量才可能造成一般物价水平的上涨，连"单位产能货币供应量"都不去计算，怎么能正确理解一般物价水平的上涨呢？

　　中国 20 世纪 90 年代中期以来的每一轮所谓通胀都是"食品通胀"，并伴随着房地产等资产价格的上涨。而食品通胀的根源在于粮食、蔬菜和猪肉的周期性供给波动；部分工业品的价格上涨原因在于人工成本上涨、土地成本上涨、物流成本上涨等供给侧原因。事实上，任何的货币紧缩都不能帮助母猪生小猪，继而实现母猪大批生完小猪、小猪长大、猪肉价格大幅回落。

　　好在越来越多的中国人开始厌倦了这种来回折腾，甚至管理者也意识到在上下一两个百分点的 GDP 增速和物价波动范围内，一会儿"踩刹车"，一会儿又"踩油门"，不但真的很困难，对长期经济增长也的确没有多少实质的意义。因此，从总需求的角度来分析投资、消费、出口这"三驾马车"的动力，几乎所有的凯恩斯主义者都认为经济增速下滑是必然的。事实上，随着需求侧刺激的"三驾马车"边际效用递减之后，以改善人口、土地、资本、技术和制度等五大财富源泉的供给条件为核心的供给侧结构性改革，在解放生产力、提高经济潜在增速方面，还有很大的空间。

第六节 中国经济周期的复杂性与新特点

中国本轮经济下行周期从 2010 年第一季度 GDP 增速 12% 左右，降到 2018 年第四季度的 6.4%，增速几乎下降了一半。连续 9 年的经济下行，在过去 300 年的现代经济史上也是非常罕见的，其根本原因在于中国经济周期已经呈现出了与之前不同的新特点。

一、新时期经济周期的复杂性与新特点

从总供给和总需求关系研究经济周期的理论，对宏观政策决策者影响较大。而企业家和投资者，则更多地从生产变化和金融收缩来观察经济的周期性波动。然而，随着制造业在经济中的占比提高和服务业成为经济的主体，经济周期波动变得越来越复杂。

从供给和生产变化研究经济周期波动的理论主要有：基钦周期，是 3 年到 5 年的库存周期；朱格拉周期，是 9 年到 11 年的设备投资周期；库兹涅茨周期，是 15 年到 20 年的房屋建设和基础设施投资带来的；康德拉季耶夫周期，主要是技术革命带来的，持续时间为 45 年到 60 年；微观层面上还有具体产品的生命周期。

在工业社会早期，工业占经济比重相对较高，产品相对单一的小国经济中，库存和设备投资的波动较为明显。进入工业社会后期之后，各国制造业占比出现明显下降。德国制造业占比是全球发达国家中最高的，也仅占 GDP 的 26%；在英国、法国、美国、日本，制造业在 GDP 的占比都在 20% 以下。2018 年中国的制造业占比也只有 29%，服务业占比则超过了 50%。知识产业、文化娱乐产业、金融产业、信息产业以及高端服务业创造财富的源泉不

主要是自然资源，而是人们的创造性思维，其创造财富的方式也不是"购进原材料—通过设备加工—产成品"的生产流水线，而更多的是通过激发人们的创造性思维和灵感，创造软价值。其期间库存和设备投资的影响远远小于工业，甚至很多知识产业的付费产品、文化娱乐产业的游戏产品、影视产品等，都很少涉及库存或设备更新的问题。

类似的，服务产品的生命周期特征也与工业产品具有很大不同，往往需要很多前期的无效投入，比如研发投入、设计投入等，但一旦生产出来形成爆款，其边际生产成本通常很低，扩张速度会远远快于一般工业品，比如影视作品《战狼 2》的票房业绩和游戏产品《王者荣耀》的风靡。而对于库兹涅茨周期和康德拉季耶夫周期，其周期跨度相对较长，在预测经济周期的短期波动时容易产生误差。

不仅如此，随着经济供给结构的日益复杂，基钦周期、库兹涅茨周期、朱格拉周期、产品生命周期和康德拉季耶夫周期往往交织在一起，将经济周期框定在具体的某一个阶段就不再那么容易了。例如，如果设备投资在扩张，建筑施工在放缓，库存变化处于上升阶段，而大多数产品的生命周期处于下降阶段，但一些新技术正在萌发，那么整个经济处于哪个阶段呢？

二、决定经济周期性波动的根本原因是供给结构的变化

除了从供给侧变化角度研究经济波动，还有通过研究供求关系来判断经济周期。从西斯蒙第、罗伯特·欧文、卡尔·马克思，到梅纳德·凯恩斯，他们认为经济之所以有周期性波动，主要原因就是供给和需求的关系变化，有时候供给大于需求，有时候需求大于供给。关于发生经济危机的原因，前三位认为是相对生产过剩，凯恩斯则认为是总需求和有效需求不足。其实，相对生产过剩和有效需求不足，讲的是一个硬币的两面。研究供求关系的经济周期理论，可能对政府派调节经济影响比较大，会影响决策。20 世纪 90 年代以来，中国受凯恩斯理论的影响比较多，经济低迷了，就搞需求侧的刺激，经济过热了，就进行需求侧的紧缩。

其实，无论是供求结构性的变化引起的波动，还是供给侧的变化，背后都有一个共同的原因，就是供给结构的变化。那么，供给结构变化怎么去影响经济周期性波动？

首先，从长期来看是供给创造需求，而不是需求创造供给。在现有的经济结构下，需求短期会影响供给，是价值实现的条件，但是从长期来看，是新供给创造新需求。比如智能手机，在乔布斯创造苹果手机之前，世界对它的需求是零，苹果手机创造了自身的需求。飞机、汽车也是一样的，在没有飞机之前，人们一直想飞，谁也飞不起来，只有创造了飞机以后，这种新供给就创造了飞行的需求。有汽车之前人们也想跑得快，但是没有办法实现，没有现实的供给。只有汽车这种产品创造出来了以后，才有了购买汽车的需求。任何经济从本质上和长期上来讲，都是新供给创造新需求。

当一个经济里面新供给或者供给扩张的产业占主体的时候，这个经济就会蓬勃向上，以新经济、新模式、新产品为主的新供给，就会创造更多的需求，供给创造需求的能力就会上升。

反之，如果一个经济里面供给老化的产业占主体，老供给不能创造等量需求，还会产生供给老化、供给过剩，经济增速就会向下。所以供求关系变化的确是造成经济周期性波动的原因，但是站在供求关系背后的是供给结构——即产能设备，库存变化，房地产和基础设施，技术、产品以及供求关系的变化所导致的供给结构变化。

三、中国本轮经济下行的本质原因：供给结构老化

新供给主义经济学认为，经济周期性波动是由于供给结构的多样性和供给创造需求能力的变化带来的，这也是中国本轮经济下行的本质原因。中国用70年的时间基本上完成了西方国家过去300年的工业化进程，而这些工业产业则变成了中国经济的主体。比如纺织工业、服装工业是第一次工业革命的成果，钢铁业是第二次工业革命的成果，第三次工业革命的成果是石油、化工等行业。中国成功复制三次工业革命之后，2010年以来中国经济的供给

结构趋于成熟、老化。所以 2010 年以来，中国经济经历了长达 8 年的经济下行，原因不在需求侧，刺激需求是改变不了的，而是供给性结构的变化。

2010 年以后，中国的产业结构发生了重要变化，制造业占 GDP 的份额开始由升转降，服务业份额开始上升，之前拉动经济高速增长的房地产、汽车等产业，以消耗自然资源为代价的钢铁、煤炭等重工业，依靠低廉成本优势赚取微薄加工利润的纺织、服装、家电等产业，都进入了供给老化阶段。这些供给老化产业产能严重过剩，大量闲置生产要素无法充分就业，资源的配置效率降低，使得经济增长一直处于下行趋势。

2016 年以来，老供给已经逐步出清，设备更新换代、产能利用率和产销率提升、相关大宗商品和原材料价格上涨以及部分上游企业盈利改善等都是积极的微观信号。但行政去产能造成的供给出清只能使得供给老化导致的经济下行压力不再明显，在供给结构老化背景下，新的上升周期并不取决于老供给的出清，而是取决于新供给扩张。在物质产品越来越丰裕的时代，石油、煤炭等深层资源加工出来的日常用品的供给远超过了基本需求量，物质消费占总消费的比例会逐渐变小，钢铁、煤炭等老供给无法再创造出等量的新需求。即使没有严控产能的政策，老化产业在出清以后，也不具备大规模扩产、投资大幅增加的市场基础。即使出现短期产能反弹，也必然会带来新一轮的更为严重的产能过剩。

如果用传统经济周期的思路，认为过剩产能出清进入尾声，就会有大量新产能释放，认为中国已经到了新周期的起点位置的观点，忽略了中国经济周期的新特点——供给结构老化，导致对于经济的预测过于乐观。

无论是以存货为主要考察指标的基钦周期，还是以设备投资为主要变量的朱格拉周期，其前提假设都是存货下降后，一定会回到前期历史均值；设备老化后，一定会带来新设备的投资。但去产能政策和环保政策背景下的过剩产能出清，虽然带来了产能利用率和产销率的提升，以及相关大宗商品和化工原料价格的上涨，但是不一定带来投资的大幅增加。政策背景、背后的驱动因素、工业化进程的不同阶段，使得用历史的统计规律来预测当前的新周期的做法未必正确。

当然，如果把目光放在投资减速、消费低迷、出口乏力上，忽略了供给结构积极的变化，就会走向另外一个极端，得出过于悲观的结论。因为关于三大需求的分析其实隐含了供给条件不变的假设，从需求出发来预测需求，可能忽略了现实中供给侧动态的积极变化。新供给主义经济学认为，需求由供给创造，预测需求未来的变化要看一个经济的供给结构所决定的供给创造需求的能力。从中长期看来，供给创造需求的能力在两种情况下会发生变化。

一种是当新供给创造新需求时，带来的供给条件改变。比如技术创新。在乔布斯创造出苹果手机之前，世界对它的需求是零——苹果智能手机用新供给创造了新的需求，相关产业链拉动了美国经济的持续复苏。在钢铁、煤炭等这样的供给老化的领域，一个单位的老供给只能创造出 1/N 单位需求，而像阿里巴巴、微信、网约车这样的供给扩张领域，一个单位的新供给却能够创造出 N 倍的需求。

二是通过供给侧改革解放生产力时，也会带来供给条件的改变。供给侧的五大生产要素——人口与劳动、土地与资源、金融与资本、技术创新、制度与管理是经济增长的真正动力，通过减税降费、降低融资成本等方式放松行政性供给约束，并通过解除要素的制度性供给抑制，降低上述五大要素的供给成本，提高要素的供给效率，也可以"释放新供给，创造新需求"。当考虑上述两个供给条件可能发生变化时，凯恩斯主义从三大需求出发的预测框架就不一定正确了。

中国这一轮经济周期，既不同于工业社会早期的生产相对过剩型经济危机，也不同于工业社会中期的有效需求不足型经济衰退，而是工业社会后期的"供给老化型经济下行"，增速持续下行的主要原因是供给结构老化，所以扭转经济下行的方法和出路必然也与之前有所不同。

第二章

再造新红利，观念先突破

在农业时代，中国人长期把工业当成奇技淫巧；如今虽然已进到工业社会后期，服务业成为经济的主体，是不是大多数国人还只把制造业、物质财富作为真正的财富，进而否定非物质财富？

面对民营经济和国有企业在资源配置上的不均衡，以及国有和民营地位之争，有多少人真正思考过：所谓国有财富实际上都是支配在相关个人手中，而所谓民营财富超出个人支配能力的部分，本质上其实也一样是社会的财富。

第一节　互联网和金融是否创造财富

一、新"大帽子"——子虚乌有的"虚拟经济"

2017 年以来，很多从事互联网等新经济产业的企业家，都受到某些传统企业领袖和部分学界人士的攻击。不过他们攻击的既不是马云、雷军等人的个人行为，也不是其公司的运营问题，而是其关于新经济的一些言论，并给他们和整个互联网行业戴上了一顶新的"大帽子"——"虚拟经济"。

"虚拟经济"这顶"大帽子"，不仅抹杀了以阿里巴巴为代表的互联网产业对于中国经济和居民福利所作出的巨大贡献，而且直接否定了以互联网经济为代表的很多新供给、新经济对传统经济结构的改造和引领作用。

少数传统制造业的企业家甚至指责一些新经济的企业领袖为骗子，或攻击购买股票的金融投机者是伤害中国制造业的"罪人"。与此同时，越来越多的经济学者也开始加入批评金融、互联网的队伍中，他们紧紧围绕着某些行业是否直接创造真实财富这样的问题，道理简单而直观，不但迅速引起共鸣，甚至很快形成了一股社会潮流。

这些批评不无道理，却又似是而非，直到与一位台湾著名金融学教授交流，才让我突然惊醒！在一个国内虚拟经济论坛上，面对台上慷慨激昂的演讲者，坐在我旁边的著名台湾大学金融学教授实在抑制不住心中的好奇，一头雾水地凑过来，很害羞地悄悄说："滕教授，到底什么是'虚拟经济'？"我才突然意识到，原来**"虚拟经济"并不是个国际化、有共识的概念**，无论在伦敦、纽约、法兰克福等全球金融中心，还是在哈佛、沃顿、牛津、剑桥的商学院，那里的人们都根本不知道"虚拟经济"这个概念！

考证一圈之后，我们才明白，原来"虚拟经济"一词出自 20 世纪 90 年代的中国。当时中国尝试着搞了资本市场之后，有人发现某些经典政治经济学教科书中对股票等金融资产的描述仍然带着意识形态的贬义色彩，把股票说成"现实资本的纸制副本"，是"虚幻的影像"，用"虚拟资本"这样的概念来否定股票市场存在的合理性，这是批判资本主义市场经济必然完蛋的重要理论构成部分。但是20世纪90年代，中国明确了社会主义也可以有市场经济，而且又搞了股票市场，怎么赋予股票市场理论上的合理性呢？于是有的学者回避了"虚拟资本"这个词，带着理论修正和发展的善意发明了"虚拟经济"这个新词，用来研究资本市场、金融市场的相关经济运行规律。当互联网经济发展起来以后，又把信息、知识、文化等等这些非物质的经济领域也一并归为"虚拟经济"。

虽然提出"虚拟经济"这一概念和相关理论的学者是出于建设性的目的，但是在现实中却事与愿违。由于种种原因，"虚拟经济"已经沦为一个贬义词，而且成为与实体经济对立的非正义存在，甚至成为一顶攻击新经济的"大帽子"！

深受"物质财富观"影响的一批专家学者，除了把金融、互联网贴上"虚拟经济"的标签进行批判，还把很多实体经济的泡沫也说成"虚拟经济"，比如把房地产泡沫说成"虚拟经济"——难道盖房子的钢筋水泥也是所谓"虚幻的影像"吗？泡沫就是泡沫，股票市场涨多了会有泡沫，房地产涨过头会有泡沫，像郁金香那样的消费品被炒作也会有泡沫。哪里有泡沫就应该有针对性地治理，但是把房地产泡沫也说成是子虚乌有的"虚拟经济"，就让"虚拟经济"这个词更遭人恨，这顶"大帽子"的威力也就越来越大了！

二、新实体经济——从反击、防御到逃跑、出卖

面对上述子虚乌有的"虚拟经济"的"大帽子"，以马云为代表的新经济企业家迅速发起了反击。马云先说，没什么"虚拟经济"，企业没有实体和虚拟之分，只有好企业、坏企业之分；马云又说，实体经济和"虚拟经济"不是对立关系，实体经济只有经历住新科技的挑战、转型和创新的洗礼，才能

面对明天的太阳。马云不愧是卓越的企业领袖，其眼光和洞察力远远超过一般学者。作为互联网新经济的代表，这些有力的反击，振聋发聩、发人深省！

可惜的是，马云等人的呼吁在当前的经济形势和特定文化背景下，并没有得到应者云集的认同，反而越来越多的人开始加入批评"虚拟经济"的队伍。面对新经济领袖们的集体失声，以及来自保守派学者、企业家的舆论压力，孤军奋战的马云先生开始抛出"新实体经济"这一概念，转而进行防御。

阿里巴巴旗下的阿里研究院发表报告表示："**一切创造社会价值的经济活动，都属于'实体经济'，而'虚拟经济'仅特指金融衍生市场。**"同时，马云也发表演讲说，"金融才是虚拟经济，中国人不敢骂金融，才说互联网是虚拟经济""为什么不敢骂金融？因为怕得罪银行贷不到款"。马云在把自己归为"新实体经济"的同时，试图转移公众注意力，把这顶"虚拟经济"的"大帽子"扣到金融产业头上。

为了证明自己是所谓的"新实体经济"，阿里研究院的报告还罗列了阿里平台企业纳税和就业的例子。这让任何金融产业的人士看了都会哑然失笑，难道阿里巴巴所代表的互联网企业纳税额能够同金融业相提并论吗？难道就解决就业而言，阿里巴巴超过了金融业吗？

可怜的马云，企图用"新实体经济"这一模糊概念，给自己买到一个"良民证"，甚至也真的得到了少许认可或几个追随者。但这与其说是反击，还不如说是防御；与其说是防御，还不如说是逃跑；甚至在逃跑的过程中，还出卖了一个金融产业……

为什么马云左冲右突地躲避"虚拟经济"这顶"大帽子"呢？因为在中国扣"大帽子"的威力实在太大了！一旦被扣上"虚拟经济"这样的"大帽子"，不论是金融、互联网、知识产业、信息产业、文化产业，还是其他服务业，都瞬间失去了自身存在的合理性。

君不见，几乎所有的政府文件都一夜之间把经济改成实体经济，连民间搞个如何促进经济发展的讨论会，都赶紧把题目改成"促进实体经济的发展"，各行各业都惊恐地避让着"虚拟经济"的"大帽子"。幸亏我们还没有从任何中央官方文件里发现"虚拟经济"这样的表述，否则照这样下去，以后中国就不需要那三个字的国骂了，最狠毒地攻击一个企业家或否定一个行业只需四个字——虚拟经济！

当国人借助于"虚拟经济"这顶"大帽子"把金融、互联网等非制造业说得如此不堪的时候，如果跟美国经济结构对比，我们却又迷惑了：让美国经济领导全球的，一是以纽约为代表的金融产业，一是以硅谷为代表的互联网新经济——如果金融产业是"虚拟经济"，互联网经济是"虚拟经济"，甚至教育产业、娱乐产业都不创造物质财富，所以也是"虚拟经济"，那美国经济还剩下什么？难道这些人希望中国经济的未来就像如今美国的底特律吗？

三、软价值时代——切勿用昨天的理论管理今天

扣"大帽子"的社会风气还只不过是最近几十年的事情，但是中国重物质财富、轻非物质财富的思想，却古已有之：几百年前，他们曾经说中国工业是"奇技淫巧"，例如，认为纺织和服装行业只不过是把棉花变个花样，本身并不创造财富，所以让中国工业发展不起来；几十年前，他们说商业是"投机倒把"，认为把一个东西从这里运到那里赚取差价，并不能创造财富，结果商人被抓起来，市场被消灭了；今天，他们用同样的逻辑来攻击金融、互联网，以及一切非物质财富都是所谓"虚拟经济"——这样的观念，欲将中国经济引向何处呢？

股票、债券等有价证券真的是"虚幻的影像"，是水中花、镜中月吗？难道那些购买了股票的人，拥有的不是实实在在的企业股份吗？他们为了购买这些股权而支付的货币，难道不是实实在在的出资吗？

有人认为商业真的不是促进社会分工的主要力量而是所谓"投机倒把"，金融的作用仅仅是掠夺了别人的财富吗？如果没有金融配置资源，都像古代小地主和手工业者那样一点一点地积累资本，哪里会有铁路、汽车、石化等现代工业？哪里会有微软、Facebook、苹果这些伟大的企业？

事实上，实体经济与金融的关系如同量子理论中的粒子和波，都是实实在在的物质，只是存在形式不同而已——金融不是实体经济的"影像"，而是实体经济的波长；"影像"是虚幻的，而"波"是实实在在的物质存在形式。

在牛顿物理世界和硬财富制造业中，价值的主体存在方式是粒子形态，是企业实体资产；而在量子世界和软价值时代，粒子和企业的有形实体资产不再是价值的主要承载方式——诸如苹果、谷歌、腾讯、阿里等很多软企业，他们的办公楼宇、办公设备等有形实体能值几个钱？以资本市场市值为代表的各种软价值才是其主要价值的承载方式。

用牛顿时代的价值观，能解释如今量子时代的软价值吗？

不但金融不是什么"虚拟经济"，以互联网为代表的各种信息经济、知识经济、文化经济、服务经济虽然都不是制造业，虽然都不创造物质财富，但他们也都不是所谓的"虚拟经济"：

以信息产业为例，无论是记者的新闻稿、自媒体信息、大数据分析得出的精准化解决方案等信息内容，还是门户网站、微信、微博等信息载体，虽然不是物质财富，但创造实实在在的精神财富，并不是虚幻的影像，更不是什么"虚拟经济"！

又比如教育产业、咨询产业、智库产业、论坛产业等知识产业，虽然这些从业人员本身不创造物质财富，但是却能够创造软财富、软价值，满足人们的精神需求，也不是虚幻的影像，更不是什么"虚拟经济"！

在文化产业，一首诗歌、一幅画、一场戏剧、一部电影，或承载着消费者的情感，或承载着某种社交、娱乐的需求，这些软财富、软价值都是我们未来消费的主体，是实实在在的财富，绝不是什么"虚拟经济"！

我们认为，在知识产业，由知识的创造、传播和运用创造价值；在文化娱乐产业，由文化艺术品的创作、表演和感受创造价值；在信息产业，由信息的创造、处理、传播和使用创造价值；在金融产业，由金融产品的创造、发行和交易创造价值；在高端服务业，由服务提供和体验创造价值……显然，知识产业、信息产业、文化产业、金融产业和高端服务业等，这些行业既不消耗地球资源也不污染环境，只消耗人类的思维和智慧，但它们的产品同样能够创造价值和财富，它们才是未来经济的主要构成部分。

因为人们对精神需求的追求，即便是传统的硬财富制造业也开始包含越来越多的软价值：奔驰汽车的总设计师说，他们卖的不是汽车，而是一件艺术品，只是碰巧它会跑；同样，特斯拉卖的也不仅仅是"跑得快"，而是环保和时尚；一件材料成本价值百元的品牌服装为什么卖到上千元？因为人们购买的不仅仅是遮风蔽体的物理功能……当这些硬财富制造业都开始懂得用软价值来满足人们的精神需求，软价值和硬价值的"八二定律"就成为未来社会财富结构的必然趋势，传统制造业将向软性制造产业转变，由加工自然资源创造价值，向产品的研发、设计和创造品牌价值转变。

生在这样的社会巨变时代，我们必须顺应时代潮流，勇敢地拥抱软价值，但也要充分理解传统制造业在这个过程中正在和将要遭受怎样的冲击！这些传统制造业的领袖攻击金融、互联网和一切非物质财富对资金、资源、客户的吸引，甚至攻击"虚拟经济过火"和新商业模式的冲击——这既不是狭隘的本位主义，也不是故意因果倒置，而是发自他们内心的直观感受！

其实真正受新经济冲击最严重的还不是众所周知的那几位制造业大佬，而是一些更脆弱的行业。比如，智能手机和移动互联网普及后，传统数字手机、传统门户网站就不得不转型了；当网约车出现以后，传统出租车受到冲击是必然的。所以，很多曾经对中国经济作出巨大贡献的传统产业的确正在受到新供给、新经济的冲击，面临着艰难的转型压力。但是我们能够因此而拒绝智能手机、移动互联网，拒绝网约车、共享单车对社会分工方式的优化，对资源配置效率的提高，阻止新供给更好地满足人们的需求吗？

中国上一次传统产业被新产业冲击是在一百多年前了。重读一下那个时代的小说吧，重温一下那时候中国传统手工业者面对近现代制造业的冲击，日子变得多么艰难！那时候，虽然中国很多懵懵懂懂的中小手工业者把近现代制造业当成敌人，但是也有康有为这样的有识之士发表《物质救国论》，呼吁人们从农业思想转向物质财富思想，中国的民族工业最终崛起！

近现代制造业，不但几乎消灭了传统中小手工业，而且还把农村和农业变得面目全非，但如今美国只有几百万人从事农业，就能够满足几亿多美国人的吃饭问题，还可出口粮食给中国等国家。将来，互联网、人工智能、大数据等新技术的发展，也会把制造业改造得面目全非，而那些由于产能过剩、供给老化等原因正在经受冲击的传统制造业，是应该积极利用新金融、新技术、新模式推动自身供给升级来拥抱软价值时代？还是应该忙着给新经济和软价值扣"大帽子"并等着被历史埋葬呢？

马云说得好，企业家不可以活在昨天，抱怨明天。我也想小小地建议一下我的同行：经济学家不是小说家，不能仅仅从社会现象和似是而非的直观感受出发，就作出简单的呼吁甚至情绪化的煽动，更不能用昨天的理论来分析和研究今天。落后几百年了，中国好不容易才赶上这一轮在新经济上同时起跑的机会，我们千万不可因为"虚拟经济"这样的无聊争论和"大帽子"而葬送了我们的明天！相信越来越多的中国企业家都能够用理性的力量面对未来，既重视创造物质财富的传统制造业和先进制造业，也重视创造非物质财富、满足美好生活需要的软产业。

第二节　软财富的新源泉和价值新规律

一、软财富的新源泉

年轻人都爱看漫威的超级英雄电影，目前，漫威电影宇宙的影片已经上映了 20 部，全球共获得了超过 170 亿美元的票房，其衍生品每年的销售收入据说也达到 10 亿美元。让我们感兴趣的是，斯坦·李创造"神奇四侠""蜘蛛侠""钢铁侠""雷神托尔""绿巨人""X 战警""奇异博士""超胆侠"这些前所未有的超级英雄形象时，依靠的只是他天马行空的想象力、北欧神话等艺术资源，以及一些科学知识，不需要矿山，不需要高炉，也不需要生产线。漫威和斯坦·李到底是怎么创造财富的？这些文化娱乐产业创造财富和价值的方式，跟传统制造业有什么不同？这就引入一个概念——软价值。

什么叫软价值？它最大的特征就是，不以消耗地球资源为主要的财富源泉。

那么，消耗地球资源作为主要财富源泉的是谁呢？

首先是农业。因为农业创造财富的源泉就是地球表层土壤和湖泊等生态环境，创造财富的方式是利用动物和植物的繁殖规律。 例如，按照动物的繁殖规律，小猪长成大猪必须要一年的时间，没有办法一天之内让猪长大；按照植物的繁殖规律，小麦、玉米、水稻从播种到收获，必须尊重自然生长时间，否则就不能吃。

如果财富的源泉限定在地球表面的这些土壤资源，动植物生长又受到自然规律的限制，财富总量就是有限制的。

相对于农业而言，**工业革命实现了一次财富的大爆炸：创造财富的方式不再受动物和植物生长时间的限制，可以通过各种物理和化学的方法任意**

加工自然资源来创造财富，财富源泉不再是地球表层土壤，而是整个地球资源、深层资源。

工业和农业的区别是什么？工业和农业的区别就是财富的源泉不一样，财富的创造方式不一样。所谓的农业，一句话把它讲透了，就是以地球表层土壤、生态环境为财富的源泉，利用动物和植物的繁殖规律来创造财富。

所以，当财富的源泉被上帝锁定了以后，财富的创造方式也被锁定了，农业的财富总量就是有限的，无论人类发展 1000 年、5000 年还是 10 万年，财富总量就那么多。

而工业跟农业最大的不同是什么呢？最重要的是它拓展了财富的源泉，从地球表层的生态土壤环境拓展到地球深层的资源，还有深海大洋、大气、太空，都成为工业加工的对象和财富的源泉。财富的创造方式也不再依赖于动植物的繁殖规律，而是我们通过物理、化学等近现代科学，掌握这些物质的运动规律，用各种物理和化学的方式，任意地加工地球资源来创造财富。

然而，制造业也存在供求两方面的瓶颈：从供给方面看，物质产品的无限生产面临着地球资源有限的瓶颈，我们都经历过原油、天然气、煤炭和铁矿石价格暴涨的时期；从需求方面看，人们对于硬财富的需求也是有限的，一共三个房间，装十个空调是不可能的，一个家庭买三台车、四台车也基本是不现实的。

当对于硬财富的资源消耗瓶颈和需求瓶颈隐约出现的时候，传统制造业再增长的空间还有多大？现在如果你想变成空调行业的龙头，必须把"格力""美的"等已经稳踞市场的大品牌干掉。这是一个存量的市场，更多的是更新换代，增量最高速的时候已经过去了。

那么正在到来的新时代和工业时代，在财富源泉和财富创造方式上又有什么不一样？在这个新时代，财富创造的主要方式，再也不是用物理和化学的方法来加工地球资源，而是**主要通过知识经济、信息经济、文化经济、金融经济、服务经济来创造财富，所有这些经济的特点，用一句话概括就是，财富的源泉不再是地球的物质资源，而是人的思维，创造性思维。以人的创**

造性思维为主要价值来源的时代，就是软价值时代。

于是我们看到，"得到"的知识付费业务、漫威电影宇宙的系列大片、网络视频流量的快速增长、5G 行业的投资热潮，以及电动汽车在全球不断增长的销量，都在昭示着未来经济的发展方向。

这些不以消耗自然资源，或者只消耗很少量自然资源，而以人类的创造性思维为主要价值源泉的产业，创造的价值就是软价值，这样的产业就是软产业。

一首歌、一幅画、一本书、一场演讲、一个论坛、一个互联网的网站、一个手机 APP、一个金融产品……所有这类产品的价值源泉是人的创造性思维，满足的是人们永无止境的精神需求。

进入软产业、软价值、软财富时代以后，创造财富的方式永远地摆脱了自然资源的限制。

二、如何衡量软价值

首先它具备很强的主观性，是由群体性认知决定的。软价值跟硬价值不一样，它不是纯客观的，它在于主体和客体之间。很多人说这个股票值多少钱？这个股票值多少钱取决于群体性认知。在量子理论中，测量一个微观粒子的质量，跟测量一个宏观物体的质量，方法、结果都是不一样的；今天测量和明天测量不一样；不同的测量者测量的结果也不一样，因为测量者带的能量不一样。

所以，同样是这幅画，它放在中国值这么多钱，放在美国就值另外一个价钱了。同样是这个股票，它在中国香港上市是一个股价，在中国内地上市就是另外一个股价，不要以为那边 10 块钱，这边 9 块钱，你就可以买 9 块钱，卖 10 块钱套利了，没那么简单。

它在中国香港为什么值 10 块钱？因为它要服从于当地的汇率、当地的利率、当地投资者的风险溢价、当地的居民认知，在中国内地它就要受到中国内地的利率、汇率、货币政策、投资者的影响，怎么可能一样价钱呢？

　　第二，软价值服从相对性与参照系的定律。参照系的参数不一样，它的价值不一样。在物质世界里面，产品可以在不同的市场直接销售，美国生产的电脑可以直接拿到中国销售，最多需要调整一下电压，这是一种简单的"伽利略转换"；这个东西在美国如果卖 1 块钱的话，在中国也卖 1 块钱，否则就可以套利，可以来回买卖。而你要拿着美国的音乐剧《妈妈咪呀》到中国演出的话，你必须进行一个"洛伦兹转换"，把它按照中国的语言、文化和人们的接受习惯进行改造，才能在中国演出，实现它的价值。所以软价值它既有客观的价值，也取决于主观的认知。

　　第三，软价值不是绝对的，它是相对的，软价值是不守恒的。牛顿世界里面有一个能量守恒定律，而量子理论有宇称不守恒定律，这地方蝴蝶一扇翅膀，那边会变成一个飓风。所以软价值这种变化，各种偶然性实践都可以使它放大或者缩小。

　　软价值的变化是非连续的，它也是不确定的，在牛顿世界里面，变化是连续的，在量子世界里面不是这样的，量子的等级就像台阶一样，一个人的身体要么站在台阶上面，要么在台阶下面，你不可能站在两个台阶中间。这就像量子的变化，从这个量级到那个量级，没有过程，直接就过去了，很多软价值的变化也是瞬间的、跳跃性的。在物质世界，我们可以连续地生产麦克风，生产汽车，生产手机，但是软价值的创造是不连续的，有灵感的时候，一天就可以画一幅画，写一篇小说，创作一个剧本，没有灵感，几个月也创作不出来。

　　第四，软价值不是一个点，而是一个域。你不能说这幅画、这首诗、这首歌值多少钱，它可能值 50 块到 100 块，价格在这个"域"里面运动，这个运动的规律有可能是发散的，也可能是收敛的，你能摸清它运动的规律，但是不能说它就值 70 块钱、80 块钱，这么说本身就是错误的。很多人相信巴菲特，但他也是牛顿世界观，他认为股票有绝对的内在价值，其实股票的内在价值根本就不存在。

　　第五，软价值的波动有时候是因果可逆的。结果可以是原因造成的，原因也可以是结果造成的。在著名的双缝干涉实验里面，后面发射的粒子可以改变先前已经发射的粒子的运行轨迹。在管理学里面有一句话，叫作"魏延之反，祸在诸葛"，为什么有人会这么说呢？到底是魏延一定会造反，还是诸葛亮认为他会造反，所以到处错误地使用他、不相信他，然后散布这种想法，逼着他反了？有时候你信任一个人，觉得他忠诚他就忠诚；你老是猜忌他，他本来很忠诚，最后不忠诚了，到底哪个是因，哪个是果呢？所以说，魏延有魏延的问题，诸葛亮有诸葛亮的问题。在金融市场上，有时候恰恰是那些号称要防风险的风险管理者，由于过度忧虑而采取某些类似于 2018 年"去杠杆"这样的行动，结果反而引发了风险。

第三节　把握新经济的软性特征，创造软价值

所谓新经济主要包括先进制造业和现代服务业，而不论是先进制造业还是现代服务业，其价值创造规律和价值实现规律已经完全不同于我们在传统工业社会的认知。

一、新经济的软性特征

面对来自新经济的冲击，人们在心理上还没有对制造业在整个经济中地位的下降做好准备，更没有认识到这是一个不可逆转的历史规律。实际上，制造业在现代全球经济当中所占的比重已经很低了。大家都知道中国是制造业大国，但是制造业在中国的比重，包括传统制造业和软性制造业加起来只占 GDP 的 29%。德国制造业占比是全球发达国家中最高的，占 GDP 的 26%，在英国、法国、美国、日本，制造业在 GDP 的占比都在 20% 以下。在美国，制造业就业只占就业总人数的 8% 多一点。因此，不仅**特朗普想重振美国制造业来解决就业的承诺不可能实现**，中国的很多城市管理者也没有认真想想他所管理的城市中哪里还有制造业，哪个城市还能靠传统制造业来解决就业。

在资本市场上，传统制造业的估值越来越低，而且正在从财富排行榜上消失。比如在美国，通用汽车 2017 年产量是 1000 万辆，而特斯拉产量只有 10 万辆，这两个公司资本市场市值几乎是一样的，都是五六百亿美元。在中国，2018 年底很多仿制药上市公司的股价连续大幅下跌，这是因为中国药品监管部门出台了关于仿制药集中定价采购的措施，从而极大压低了仿制药利润空间。有的分析师说，中国制药上市公司将迎来一个跟化工业一样的定价时代。如果没有自己的技术、专利，仅仅是一些制造加工的话，所有制造公

司的价值还会被进一步调低，而一些创新药企业的资本市场价值却很高，这是因为其设计、研发和品牌的价值高。

当一个制造业产品价值中有 50% 以上是软价值的时候，我们把它叫作"软性制造"。 不管是华为手机，还是苹果手机，其实它的软件都占到 60% 以上，硬件价值只有 20% 到 30%，全球的制造业都在不断地软化。

除了不断软化的先进制造业之外，现代服务业发展方向有哪些呢？沿着满足人们美好生活需要这条线，知识产业、信息传媒、文化娱乐、新金融、高端服务业应该是代表未来城市产业的主体，那么这些软产业的价值创造规律和价值实现规律，与传统制造业有什么不同呢？

二、有效价值投入因子：软价值的第一个创造阶段

在农业社会，只要把握住动物和植物的繁殖规律就可以创造财富。在制造业硬财富的时代，利用各种物理和化学的方式加工地球资源就可以创造财富。那么软价值创造有什么新规律呢？

我们用一个公式来表示软价值创造的方法：

$$V = C \times N^m$$

$$C：有效价值投入因子 \quad N：传播群体广度 \quad m：软价值乘数$$

第一个软价值创造阶段：我们叫作本体的价值创造阶段，也就是 C（有效价值投入因子）的形成阶段。 跟物质产品生产线里面的劳动时间和物质材料的投入不一样，创造软价值投入的成本大量属于无效投入，天天拼命未必写得出 Google 或者《王者荣耀》的程序，但是可能在某一天灵光一闪就创造出来了。

在硬财富创造过程当中，几乎所有的资源投入和劳动投入都可以算作有效投入。但是在软价值的创造过程当中，可能大部分的劳动投入和资源投入都是无效投入，只有少数的投入才能算作有效投入。

比如一个歌星唱歌，站在那一唱可能就有了几十万元的收入，但是他在

成为歌星之前，大部分投入是没有任何产出的。一个作家也是一样，他可能写了多少年的东西都发表不了，但是他成名的那篇文章可以兑现他前半生所有的价值。一个计算机的程序员，编程编了几十年，但是在什么样的情况下才能编出像《王者荣耀》这样的电子游戏来呢？《王者荣耀》每天带给腾讯一个亿的收入，它的价值源泉就是一个程序，所以**软价值的创造首先要解决有效投入因子的问题**。

假设你要创造《歌剧魅影》《妈妈咪呀》这样的歌剧，那必须得跟欧美的歌剧市场文化等相吻合。不论是什么产品在创作之前，首先得分析它所处的参照系。这跟汽车不一样，只要是辆汽车，放到中国能开，放到美国也一定能开。但是文化产品、信息产品、知识产品、金融产品不一样，不同的参照系它的参数不一样，在这个参照系里有用，在那个参照系里面可能就没用。

其次，要投入大量的创造性思维。我们知道凡·高在创作他的画时充满了激情，有时候甚至达到了自虐的程度，尽管他的作品在生前无人理解，但其中所蕴含的对生活的渴望最终还是引起了人们的共鸣。同样，在知识产业要做好教育，做好咨询，做好会议等软产品也必须投入真正创造性的思维活动。如何激发、把握有效投入，在不同的行业肯定有不同的要求。谷歌会把办公室设计成有助于程序员创造出很好的软件或者程序的样子，798 艺术空间那样装修，人们都那样奇装异服，他们才能够创作绘画和各种行为艺术。所以如何刺激真正的创造性思维活动产生是创造软价值的第二个要点。

第三，要找准共振群体。所有的软价值最终都是满足人们追求美好生活的精神需求，所以必须得满足人们的心理感受、引发消费者的"神经元同步放电"。

最后，软价值的创造需要一个理想黑体。所谓"理想黑体"，就是先吸收所有入射电磁波，再释放大量的热辐射，在如此吸收与辐射的循环过程中推动软价值的培育，将会提高有效投入的成功概率。这个理想黑体，在科技型企业中，可能是乔布斯、马斯克这样的创始人或核心领导人；在电影产业中，可能是斯皮尔伯格或者汤姆·克鲁斯这样出色的导演或者演员；在体育运动中，可能是 C 罗或者贝克汉姆这样的大牌球星。

三、传播群体广度和软价值乘数：软价值的第二个创造阶段

软价值的第二个价值创造阶段，是本体之外的价值发酵阶段，是由 N（传播群体广度）和 m（软价值乘数）共同决定的。

对于那些农业财富和制造业硬财富而言，大部分情况下市场就摆在那，人为扩大需求的空间不大。但是软价值不一样，人们可以看这部电视剧，也可以不看，可以听这个演讲，也可以不听。在乔布斯创造苹果手机之前，世界对它的需求是零，所以软价值的需求不是本来存在的，而是新供给把它创造出来的。比如说一部电影，拍摄完成以后，价值创造过程才刚刚开始。如果有一千个人看这部电影，是一个价值；一千万人看这部电影或者一亿人看这部电影，又是另一个价值。那怎么样创造出一个亿、几个亿的认知群体呢？**所以软价值创造的第二个阶段，就是创造群体性认知的阶段。**

所谓软价值乘数 m，也可以叫作群体性认知弹性。有很多人不理解为什么他们看了一部爱情片后不久，那个主角的绯闻就传出来了；为什么他们看了《战狼2》以后，很快就会有人传出来在拍摄过程中曾经遇过险和各种各样的故事。实际上观众是在消费软价值产品本体之外的东西，这些群众的参与就是扩大群体性认知弹性，提高软价值乘数的一个过程。因为读了这个影评，因为看了这些对凡·高的画的评价，因为有那么多对这个文物的补充的解读，所以才值那么多钱。

一件产品引发消费者心理感受变化的程度越大，软价值受主观认知影响越大，它创造软价值的能力就越强，这件产品的软价值乘数就越高；反之，一件产品引发消费者心理感受变化的程度越小，软价值受主观认知影响也就越小，它创造软价值的能力就越弱，这件产品的软价值乘数就越低。

如果一幅画，本来大家觉得看不懂，不好看，如果这时有一位艺术评论家来对它进行阐释，让大家都说好看，这幅画居然价值倍增。所以，产品的

价值不光取决于客体，还在主体和客体之间，取决于群体性认知，通俗说，喜欢就是真好。

四、软价值实现的弯曲路径

互联网刚兴起的时候，很多人担心门户网站不盈利，天天免费给大家看，不会关门吗？为什么京东、亚马逊连续亏损了十多年，现在价值几百亿美元？为什么越是像阿里巴巴、腾讯这样向消费者提供免费服务的公司，越变成了全国甚至全球最赚钱的公司之一？

软价值的创造规律跟硬价值不一样，软价值的实现规律和硬价值也不一样。比如，翻页笔的硬价值成本是一块钱，必须卖到一块钱以上才能盈利，当销售收入大于成本的时候这个产品才能盈利，没有销售收入不能赚钱。但是软价值不一样，在没有销售收入时可以实现价值。

弯曲：软价值的实现路径不像硬价值一样是直接的价值实现方式，它的路径大部分是弯曲的。比如你现在使用的腾讯微信，它就没有向你收费，它向几亿人提供免费的服务，但是它向另外一批人收钱，阳光免费，星光收费。

分段：可能在前面几年积累一些软资源比如说品牌、名誉等，后面一年可以兑现出巨大的软价值，所以软价值大部分是分段实现的。

立体：软价值不止一种实现方式，比如说迪士尼创造了一个卡通形象，但是它的软价值实现方式可能有几种、几十种、上百种，既可以有乐园，有迪士尼电影，也有各种各样的好玩的玩具，还可以有卖专利等若干种价值实现方法。

资本：软的价值实现方式绕不开资本市场，对一个工厂而言，它的价值主体可能是实体的部分，而对于大部分软企业而言，资本市场金融的价值是它的主体，而它租来的办公设备那些东西都不值几个钱。

总体来说，软价值通常是分段实现的，它的价值创造和价值实现是不对称的，经常是先有公众价值，后有盈利模式，或者向一部分人提供免费的服

务，向另外一部分人收钱。所以，如果按照传统的制造业生产和销售硬产品的方式去衡量软产业和软价值，现在互联网经济、知识经济、信息经济等很多东西都难以理解：为什么我们天天享受腾讯微信的服务，它不收钱？为什么摩拜单车这么便宜？它赔了钱怎么办？其实不用担心，软价值是先有公众价值，后有盈利模式，如果一个产品或者是服务，有几千万人愿意免费使用，这个公司的市值就值几百亿美元；如果有几亿人愿意免费用，这个公司的资本市场市值就值几千亿美元。

第四节 软资源——抢占全球价值创造制高点

阿里巴巴董事长马云曾说，"数据对于人类社会的发展非常重要，重要程度堪比上个世纪的石油"。实际上，在软价值时代，重要性堪比石油的不仅是数据，其他各类软资源也正在成为新时代创造财富和决定财富流向的稀缺要素。

一、新时代全球财富创造和分配的主导要素

J.K. 罗琳创作哈利·波特的故事，很多灵感和想象都源自圣经、希腊神话等西方文艺素材；麦肯锡公司在提供咨询服务时，依赖的是波士顿矩阵、价值链等分析工具；华尔街的金融从业者从事金融产品交易，凭借的是信息、资本和风险承担能力；谷歌、阿里巴巴创造价值，靠的是程序、算法和大数据……所有这些不同于土地、矿藏的宝贵资源，都是软资源。

所谓软资源，是指在软价值创造过程中使用的非实物资源，除了传统的人才、科学成果、技术专利、资金之外，还包括知识产业的经典著作、文献档案、传播模式、影响力；文化娱乐产业的 IP 积累、明星、院线、体育俱乐部、赛事、口碑评论；信息产业的大数据、算法、互联网平台、社交网络；金融产业的信用、国际货币发行权、金融定价权；服务业的品牌、商业模式等。

不同时代的价值和财富创造，有着不同的稀缺要素。那些拥有价值创造稀缺要素的国家和群体，往往在价值创造和财富分配中居于主导地位。农业时代，土地是价值创造中最主要的稀缺要素，因此，土地拥有者成为财富分配的主导者。在商业时代，商业通道成为价值创造中的稀缺要素，因此，那

些垄断了贸易航线的国家，如葡萄牙、西班牙，一时富甲天下。在工业时代早期，资本是价值创造中的稀缺要素，那些最早完成资本原始积累的群体成为社会财富的主要拥有者；当资本过剩而技术、管理能力成为稀缺要素时，掌握技术、管理能力的知识精英开始掌握价值创造和财富分配话语权……

进入工业社会后期和软价值时代，硬资源的重要性开始相对下降，软资源的重要性开始上升，后者逐渐成为新时代主导全球价值创造和财富流向的稀缺要素。其结果是，拥有软资源越多的国家和地区，经济越发达；拥有软资源越多的企业，竞争力越强。

美国作为当今全球经济最发达的国家，是拥有软资源最多最丰富的超级大国。从衡量一个国家或地区技术研发成果存量的 R&D 资本存量指标来看，2003 年，美国就拥有 R&D 资本存量超过 2 万亿美元，而直到 2014 年，中国才只拥有 R&D 资本存量约 5700 万美元。再看其遥遥领先于全球的电影产业，好莱坞每年花在剧本开发上的费用高达 9 亿美元，在美国编剧工会注册的剧本数量超过 6.5 万部，由此形成了巨大的软资源存量。在金融和社会管理领域，美国很早就开始收集和分析居民信用状况数据，由此形成了海量的数据软资源。至于在人力资本、发明创造、企业形象、商品品牌、营销渠道等方面，美国众多跨国巨擘和创业新星所拥有的软资源先发优势更是非常明显。

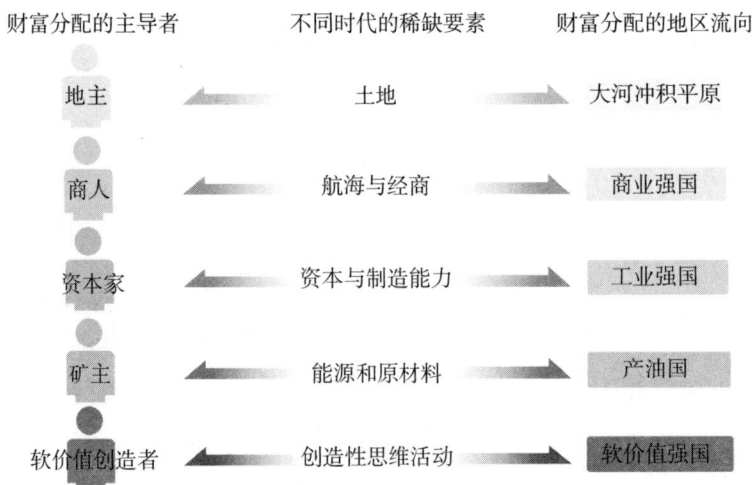

图 4　不同时代财富流向主导要素

二、如何培育软资源，提升中国国际分工地位

拥有软资源优势的国家，在全球分工中也占据优势地位。中美之间长期以来持续存在的服务贸易逆差中，专利使用费和特许费是造成逆差的重要原因，这也从一个侧面显示，软资源优势可以转化为产业分工优势和财富分配优势。因此，要提升中国在国际产业分工中的地位，使财富流向更多地向中国倾斜，就必须高度重视软资源，下大力气提高软资源开发和传承能力。

一是将软资源开发计入 GDP 核算。2013 年 8 月，美国根据国际通行的第五版国民经济核算体系调整了其 GDP 核算方法，将研发投入和娱乐、文学、艺术等产业的支出等原本纳入成本的部分计入核算范畴。美国经济分析局特别将这些"无形资产"称作"21 世纪的组成部分"，联博基金经济学家乔·卡尔森认为，"这使得 GDP 数据走出了黑暗时代"。因此，建议中国及时升级经济统计口径，将相关软资源投入以适当的方式计入 GDP 统计。这样不但反映中国经济产出构成的不断变化，也可以更加准确地测算一个国家软实力投资的价值。

二是加大对软资源开发的财税支持力度。在传统的固定资产"加速折旧"、企业研发费用"加计扣除"的基础上，建议进一步将"加速折旧""加计扣除"的范围扩大到对知识产权、数据建设、文化创意等软资源开发方面。

三是妥善处理软资源的保护与共享之间的关系。硬资源是专享的，而软资源往往是共享的，可以被不同的用户同时使用，因此软资源更容易被抄袭、盗用，建议有关部门在继续加大知识产权保护力度的同时，大力推动建立市场化的软资源定价机制和交易平台，鼓励软资源的有偿使用，合法共享。

四是正确认识软资源开发、加工、重复使用的新规律。就像矿藏等自然资源必须经过开采冶炼才会有用，大数据等也必须通过科学的加工整理才能成为有用的软资源，而一旦形成软资源，不但可以重复使用，而且会在重复使用中不断增值。因此，在软资源的开发过程中，要避免过度开发，反复扬弃，引导更多传承，形成经典。例如有关零售、支付和交通运输等行业的大

数据，迪士尼、同仁堂等品牌形象，都在长期的反复使用中成为高价值软资源。建议有关部门加强协调，减少在大数据建设过程中一拥而上、重复开发却不能产生市场价值的乱象，并认真梳理十年以上、三十年以上、五十年以上的民族品牌、校训店训等软资源，授予相应称号。

人类对硬资源的开发利用创造了海量的物质财富，而在新时代，要想满足人民美好生活需要，提升中国在全球产业价值链上的分工地位，需要更加重视软资源的作用，更多开发、保护、共享软资源，这也是让中国掌握新时代价值创造和财富分配话语权的战略选择。

第五节　以人民为中心，从国富到民富

2018 年，一篇《中国私营经济已完成协助公有经济发展的任务，应逐渐离场》，引发了舆论震颤，民营经济离场论、新公私合营论一时之间喧嚣四起。虽然最高决策层已经出面肯定了民营经济的作用，但中国改革开放四十年，民营经济从 0 到 1，从 1 到 N，成了经济增长、新增就业、税收、创新的重要力量，这本来应该是一个总结民营经济发展经验和成就、继续深化改革的时刻，为什么却演变成了一场猜测和澄清闹剧？

"风起于青萍之末"。从改革开放四十年制度改革的历程来看，从家庭联产承包责任制到租赁制、股份制改造，再到建立完善的法人治理结构、混合所有制等，民营经济发展的每一步都突破了重重保守思想枷锁，每一次改革的成功都极大地解放和发展了生产力，提高了效率与福利。当前的改革又一次遭遇了保守思想的强大阻碍，需要回归改革的初心，回到财富存在的本质意义，寻找深化改革观念上的新突破。

一、福利原则：财富越向民营和家庭部门倾斜，人民福利越高

政府和公共管理机构存在的本质意义是为人民服务。如果公有财富存在的意义不是为居民创造福利，就会从本质上沦为官僚的私产。从终极消费的意义上讲，社会财富也应该更多地向民营部门和家庭倾斜，因为大部分居民需求和欲望的满足还是要通过个人的消费行为来实现。

国有企业和国有资产虽然形式上是公有财富、国家财富，但实际上必然被形形色色的个人所支配。反之，私人产权虽然形式上归个人所有，但不管一个人拥有的企业资产价值几千万元、数亿元还是几百亿元、上千亿元，他

能够用来消费或直接支配的只是其中很少的一部分。从"生不带来，死不带去"的意义上讲，**任何超越消费能力的私有财富，终极意义上都是社会的财富。**

所以，尽管在不同国家、不同经济体制和文化背景下，公有财富和私人财富的比例可以有所不同并尽量互相补充、各自发挥优势、协同发展，但是公有财富为私有财富服务的关系还是不能颠倒，更不能让大量的社会财富以所谓公有财富的名义沦为被少数人掌握的低效率工具。国富民不富，或大国小民，都不是以人民为中心的"中国梦"。

二、效率原则：利益越直接，财富增长效率越高

就财富创造的效率而言，大部分情况下私人企业运作的效率会高于公共企业。根据国家统计局的数据，1998 年以来国企资产回报率一直显著低于私营企业。2012 年 A 股亏损额最大的前十家企业均为国企。2015 年，国企资产回报率比全部企业的 6.47% 低 3.60 个百分点，比私营企业的 10.59% 低 7.72 个百分点。

2016 年和 2017 年，受到去产能政策的影响，叠加环保趋严，导致很多民营企业被迫停产，供给严重收缩，上游原材料价格暴涨。处于采掘、天然气、钢铁等垄断行业的国有企业利润出现大幅上涨，这并非需求驱动，并不能反映国有企业的真实运作效率。在企业利润榜上排名前列的国企均出自金融、能源等依赖垄断获取暴利的行业。如果扣除垄断利益的贡献，我国国有经济盈利能力和单位资源的产出效率，恐怕远远落后于私营经济，这反映的还是激励机制的差异。

从 2017 年所有 A 股上市公司的年报数据来看，剔除银行和非银金融之后，在统计的电子、房地产、纺织服装、化工、家用电器、采掘、传媒、电气设备、钢铁、公用事业、国防军工、机械设备、计算机、建筑材料、交通运输、汽车、食品饮料、通信、医药生物、有色金属、休闲服务、商业贸易、建筑装饰、农林牧渔、轻工制造等 25 个行业中，国有企业 2017 年的平

均总资产报酬率和净资产收益率分别为 6.5% 和 10.2%，而民营企业则分别达到了 8.9% 和 11.6%，均高于国有企业。

分行业来看，在 25 个行业中民营企业在所有行业内的总资产报酬率均高于国有企业，从净资产回报率来看，除去采掘、钢铁等垄断行业外，有 20 个行业民营企业的盈利能力高于国有企业，占比为 80%，尤其是传媒、通信等新经济行业，民营企业的经营效率优势更为明显。

改革开放以来，中国经济的高速增长与民营企业比重的提高以及由此带来的生产效率的提升密不可分。1949 年，中国工业生产总值的 63.3% 由私营工业部门贡献，到 1952 年，国营、合作社营和公私合营企业产值占比已经提升至 50% 以上。此后国家对工商业的社会主义改造进程加快，并于 1956 年形成了单一社会主义公有制的经济体系。1978 年，全国工业总产值中全民所有制企业贡献 77.6%，集体经济占 22.4%，私营经济几乎不存在，"公有制"几乎割断了个人与生产性财产之间的任何关系，劳动者创造财富的积极性和经济体的活力降至冰点。

改革开放之后，民营企业开始如雨后春笋般涌现，实现了从 0 到 1，从 1 到 N 的高速增长。根据统计局的数据，中国的民营企业近 2500 万户，贡献了国家 50% 的税收，60% 的国内生产总值、固定资产投资以及对外直接投资，70% 的高新技术企业，80% 的城镇就业，90% 的新增就业。与此同时，在民营企业的竞争压力下，以及外资企业激励机制的比照作用下，曾经因激励机制不足而效率低下的国有企业大部分进行了股份制改造，逐渐建立健全了法人治理结构，强化了激励机制，提升了生产效率。

十八届三中全会以来，国有企业改革进入了一个新的阶段。未来如何深化国有企业混合所有制改革，进一步健全现代公司治理结构，进一步激发国企干部员工的积极性，是新一轮深化国企改革需要妥善解决的重大课题。与此同时，在复杂的政治、政策、文化背景下，通过强化法治对私有财产权的保障力度，稳定民营企业的预期，提升民营企业的信心，也是亟待解决的重要问题。

而从根本上解决上述问题，首先必须从理论和观念上有重大突破，只有看清楚财富存在和被支配的本质意义，才能从财富增长效率和以人民为中心的福利出发，真正解放思想，不再纠结国企、民企的比例，让财富的源泉充分涌流，更多更好地造福于人民。

三、二战以前的全球财富结构：以民营企业和家庭所有为主

尽管人们都希望自己占有大量的财富，但是诸如道路、河流、桥梁、政府办公机构等等注定是公有财富。那么这些公有财富谁来支配？其使用效率与私有财富相比有何不同？公有财富是多一点好还是少一点好？

在农业生态财富时代，政府几乎完全没有生产管理的职能，所占有的公共财政只服务于国家安全和官僚机构的需要，偶尔在兴修水利设施等方面有较少的作为——这样的经济形态中，公有财富占社会财富的比例越高，整个社会资源配置的效率越低，从而制约财富总量的增长。

工业时代早期，国家公共财政主要定位于自由市场经济的守夜人，因此公有财富同样主要体现在一些必要的公益设施等方面，其占社会财富总量的比例也比较低。

如果说那时候"私有财富是主，公有财富是仆"，一点也不过分。因为即便是几乎占领全世界的大英帝国，在 20 世纪初期的国家公有财富占全社会总财富的比例也不过只有 2%。

20 世纪初，吉芬爵士在《资本的增长》，莫耐在《财富与贫困》中都曾计算过当时英国的公有财富。吉芬爵士估计公共财产的价值是五亿英镑：他省略了国内所持有的公债数，理由是在公共财产的项目下记入借方的数额与在私有财产项目下记入贷方的数额相等，把公债数记入账内就会互相抵消。莫耐把公路、公园、建筑物、桥梁、阴沟、灯水设备、电车等的总价值算为十六亿五千万英镑，从其中减去公债十二亿英镑，则公共财产的净值是四亿五千万英镑——二者计算结果相差无几。

大约五亿英镑的公有财富与当时估算的二百四十亿英镑的国家财富总量

相比，占社会财富总量的 2% 略多一点，实在是很小的一个比例，难怪那时候大英帝国发动对外战争也靠私人资本的支持，或者通过发行战争公债来筹集资金。然而这足以证明早期资本主义私人财富为主体的财富结构，以及"小政府""大市场"的资源配置方式是有效率的。

四、二战后国有财富的扩张及影响

从什么时候开始，这个世界上所谓的公有财富开始扩张了呢？1929 年经济危机之后，尤其是二战以后，部分国家公有财富迅速上升，具体情况有三种：

第一种情况是欧洲各国（尤其是欧洲大陆国家），它们在战后加大了公共投资力度，尤其与社会福利相关的公有财富规模不断扩大，公共支出在社会财富总量中的比例不断上升。社会福利的扩大一方面使得居民不至于为养老、医疗、失业等积累过多的储蓄，有利于解放消费，改善民生；另一方面以大规模公有财富为保证的高税收、高福利社会，也从一定程度上降低了社会资源的使用效率，减少了居民和企业的财富创造驱动力，使整个地区缺少经济和财富创造的活力，这已经是最近几年欧洲经济增速缓慢，社会矛盾累积的重要原因。

第二种情况是美国，虽然总体而言美国一直是一个私人资本与私人财富主导的国家，但是其公有财富比例在二战以后明显上升。公有财富除了原有的维持国家安全、提供公共设施、维持政府机构等社会支持职能之外，还成为调节、熨平经济周期的手段之一。政府会在经济不景气时通过扩大公共投资来刺激经济，在经济高涨时，通过减少公共投资、压缩政府支出来给经济降温——这就需要政府控制的公有财富在社会财富总量中占有一定比例，否则不足以对总需求产生足够的影响。当然，美国公有财富扩张还因为其在国防和科技领域的较大投入，使军事技术、航空航天等技术一直保持世界领先地位，通过遍布全球的军事威慑力量保障了本国的资源供应。

第三种情况是以苏联为代表的计划经济国家，它们在二战以后迅速实现了国有化，社会财富几乎完全集中在政府手中，居民部门所拥有的只不过是少量的消费性财产，甚至城市居民住房等消费性财产也属于国家所有。从实际运行效果上看，以苏联为例，由于过度重视重工业的发展，忽视居民生活相关的轻工业的发展，使得苏联经济结构严重失调，官僚化的管理体制发展到后期也严重影响了微观主体的运行效率，并最终走向崩溃。

通过上述不同国家不同历史阶段的公有财富和私人财富使用效率的对比很容易发现，**在几千年的人类历史上，经济发展和财富创造的原动力大部分来自私人部门**。个别存在一定外部性的产业部门如果以社会公共投资的方式起步，对于提高财富创造的效率是有积极意义的，但是如果某产业长期维持公有制的运行体制，最终必然会带来官僚化和运营效率的降低。

因此，20 世纪 80 年代初期的欧洲（尤其是英国）兴起了大规模的企业私有化浪潮，80 年代后期主要的社会主义国家亦纷纷将社会公有财富全面私有化，90 年代中国开始通过"抓大放小"、改制上市等多种手段逐步实现大部分非竞争性领域的国有资产退出或进行股份制改造，通过渐进式改革成功地转变为当前的混合所有制。

从实际效果上看，苏联和原东欧社会主义国家的私有化改革远远比不上中国的渐进式混合所有制改革道路。改革开放以前，中国国民收入的多半部分进入了政府部门手中，居民和企业所能获取的份额只有 25% 左右；改革开放以后，中国政府一直致力于经济的协调发展，通过执行增量改革和对外开放的政策，引入私人部门的竞争，迫使国有企业提高经济效益，90 年代以后又通过股份制改造逐渐形成多种经济成分并存的局面。经过二十多年的经济改革与发展，随着市场经济体制的基本确立，中国的社会财富结构也发生了巨大的变化，不仅居民部门的可支配消费性财产是改革前的数倍，而且居民部门的经营性财产也具备了很大的规模。

然而近期以来，尤其是 2016 年去产能政策的扩大化，使上游原材料价格暴涨，造成了国有企业和民营企业在资源获取条件上的不公平，导致以中下游为主的民营企业利润严重下滑；由于去杠杆政策在执行过程中变形，造成民营企业融资困难。幸亏情况得到决策层的高度重视，从实践中提升民营企业的地位，提高国有企业的激励机制，必须有观念和理论上的重大突破。

五、以人民为中心，追求民富才是可持续发展之道

"国强民富"不但是一个国家应该追求的基本目标，而且"国强"和"民富"也是互为条件的——只有以人民为中心，追求民富，国家才能持续发展，国家才能强大。

IMF 公布的数据显示，自 2008 年之后，中国的 GDP 总量超过日本，成为全球第二大经济体，但当时人均 GDP 只有 3259 美元，仅排名全球第 105位。2017 年中国的经济总量达到了 13.17 万亿美元，依然稳居全球第二，但人均 GDP 为 8830 美元，全球排名第 70 位，从民富的角度仍然与发达国家相去甚远。

从动态分析来看，2005—2017 年，我国城镇居民可支配收入从 1.05 万元增至 3.64 万元，复合增速 11%，同期全国财政收入从 3.16 万亿元攀升至17.26 万亿元，复合增速高达 15%，远高于名义 GDP 增速，政府收入增速远远超过居民收入增速。

截至 2014 年底，全国共有国有及国有控股企业（不含金融类企业）11.4万户，资产总额 108.73 万亿元，所有者权益 39.86 万亿元，分别是 2003 年的5.4 倍和 4.1 倍。2003 年至 2014 年期间，国有及国有控股企业销售收入年均增速约 16%，高于经济整体增长速度，国有资产的扩张速度也大过民营资产。尤其是 2016 年实施去产能之后，上游原材料价格的暴涨导致国有企业与民营企业的收入又一次出现了明显的扭曲。2017 年全国私营工业企业营业收入40.4 万亿元，累计同比增长 8.9%，国有及国有控股工业企业营业收入 26.9万亿元，累计同比增长 14.8%，高出私营工业企业 5.9 个百分点。

如果继续按照上述趋势演变，让国家财政增速超过经济增速，让国有资产增速超过民营经济增速，不仅经济增长速度会逐步放缓，还会滋生出各种

经济和社会矛盾。

以人民为中心，追求民富才是可持续的发展之道；财富存在的本质意义不仅在于占有，更在于支配。任何形式上的国有财富、全民财富，事实上都被形形色色的个人支配着；而任何超过个人消费和支配能力的私人财富，虽然名义上归私人所有，但是也必然被社会和他人支配或享用着，从"生不带来，死不带去"的意义上讲，则更是社会的财富。无论是从福利还是效率角度而言，都应该把人民富裕作为经济可持续发展的战略目标。

第六节 深化产权改革的认知前提

当前深化混合所有制改革既是政策的明确要求，也已经成为举国上下的共识。然而，究竟如何深化混合所有制改革，混合所有制改革对国有资本和民营资本各自的宗旨和意义是什么，人们的认识还存在着各种分歧。而农村土地确权和流转，由于涉及土地所有权和承包权等复杂问题，更是任重道远。

解决上述问题，首先必须搞清楚产权改革的基本原则，以及什么样的产权结构有利于经济增长效率，有利于以人民为中心的福利最大化。

一、如果瓜分他人财富"天经地义"，谁还去创造新财富

为什么欧洲最终走向通过外延式扩张攫取财富的道路，而中国历史总是脱离不了朝代更替内部重新分配土地的怪圈？

时间转回到中世纪的欧洲，一位病床前的老贵族正面临死后遗产继承的问题，他的选择是将自己全部的领地和大部分财产传给长子。与此同时，在万里之外的中国乡村，一位中国老父亲也在考虑同样的问题——面对膝下的满堂儿孙，家里的几亩田地应该怎么分配？最后，他选择了一视同仁，将不多的土地均分给了所有儿子。

是什么样的原因造成了上述两个家族截然不同的遗产继承选择？这仅仅是一个个案，抑或反映了东西方更深层次的社会性制度差异？问题的答案在于东西方社会在封建时代早期即演绎出"诸子平分制"和"长子继承制"这两种截然不同的遗产继承制度安排。

中世纪的欧洲封建继承制度确立了这样一项原则：封建君主、贵族、官

僚、地主的等级、特权和主要财产（如土地等不动产）由嫡长子继承，这一安排部分源于西欧封建制度下封地不能分割的特点，否则就会使封地所承担的相应权利义务落空，可以说个人所拥有的土地财产与其社会地位、权利义务直接挂钩，土地的均分必然导致权利的稀释和社会地位的下降。

与西方封建社会更注重财产的完整性形成鲜明对比，中国封建社会在遗产传承上更重视亲缘关系。设想一个中国地主拥有一千亩土地和五个儿子，他去世后肯定把土地分成五份，每个儿子二百亩，原来一千亩的产权不复存在。

不同的遗产继承制度催生出东西方迥异的产权文化。西欧国家土地终极产权属于封建领主，而稳定的代际独子继承强化了私人产权的不可侵犯性。反观中国几千年来似乎就没有真正意义上的私有财产权："普天之下莫非王土"，无论地主还是农户，所拥有的只不过是土地的"使用权"，如果"天子"认为必要，可以征用、剥夺或重新分配任何人拥有的土地，诸子均分制更把这种土地产权变化变成了一种日常的、时刻发生的事情，因此无论战争年代还是和平年代，欧洲的私有产权都相对稳定而中国的私有产权却被不断重新分割。

产权文化和分配制度上的差异使得东西方社会走上了两条不同的财富积累与扩张之路，这主要体现在公元 1500 年前后耕地资源相对于人口出现普遍稀缺阶段的社会选择方式方面。经济学家陈平认为，**"中世纪欧洲实行长子继承制，日本实行长男继承制，大量没有继承到财产的人口被迫为寻找新的财富拓展手段，不仅促成探索新大陆，而且将人类的财富来源从土壤和地球生物拓展到无机世界。英国实行长子继承制，所以牧场、庄园很大。《拿破仑法典》规定遗产均分，法国小农经济遗留至今"**。

当时西欧的大批骑士渴望奔向东方去劫掠财物和夺取土地。西欧的城市，如威尼斯、热那亚、比萨等城的商人，一直企图从阿拉伯人和拜占庭人手中夺取地中海东部地区的贸易港口和市场，所以也热切支持基督教徒所谓的圣战。加之欧洲当时荒年不断，从现实世界看不到任何希望的广大农民也渴望到东方去冒险，从此欧洲大陆走上了一条"世界主义"的道路。对外贸易、掠夺乃至殖民成为"长子继承制"下的必然选择，这无疑推动了西方国家外向型的财富扩张进程。

面对土地产权的硬约束，在对外扩张攫取新生存空间之外，西方国家同样重视通过技术革新寻求资源的更有效利用，并最终催生了工业革命。

反观中国的诸子平分继承制本身缺少拓展新的财富空间的动力，所以农业和农村社会至今没有根本的变化。这与《拿破仑法典》之后的法国非常类似，与工业革命时代的英国比起来，同期法国农业部门进步缓慢、农民被束缚在土地上、缺乏重大革新因素——从这些原因中我们似乎能够发现中国农村社会的影子，只不过中国的问题更加严重罢了。

中国向来缺少对于私有产权的尊重，所以随着人口的增加和资源的相对减少，中国倾向于通过资源的不断细分和重新分配来缓解人口与资源的矛盾。而历经上千年的代际传承，时至今日，后代所能占有的土地资源已经细分到仅能勉强维持生存的程度，土地耕种已经很难形成规模效应，土地的财富创造能力遭受到严重的破坏。

20 世纪 70 年代后期，"地少人多"的困境更使得计划生育政策应运而生，虽然短期缓解了"人口资源陷阱"的矛盾，长期却为中国经济 2010 年以后的经济增长潜力埋下了隐患。

显然，是产权制度和产权文化决定了中西方面临"资源人口陷阱"时的截然相反的思维方式和解法。**面对产权硬约束，西方国家首先选择积极甚至暴力地对外扩张，攫取资源扩展本国生存空间，其次通过科技创新提高现有资源的利用效率；而中国人面对产权软约束，则选择将资源不断细分，降低生活水平，甚至干脆用"少生孩子"来缓解矛盾。**

几千年的文明，中国既没有发展出像样的工业，也没有向外扩张，其最终落后很大程度上是因为传统文化中缺少对产权的尊重，造成社会矛盾解决方式的内敛性，使整个社会缺少探索和扩张的动力。如今，改革开放四十年，催生了无数成功的民营企业家，可是有多少人再次开始担心他们的财产权会不被尊重?

二、不尊重私有财产权，必然陷入产权改革陷阱

亚洲近邻日本对本国私有财产的尊重与中国形成巨大反差，其中成田机场就是一个很有趣的案例：

由于一批农户不肯搬迁，1978 年成田机场经过 12 年才开通 A 跑道，而与 B 跑道相关的农户 40 年仍未达成一致意见，结果 B 跑道的原计划被迫放弃，不得不采用费时、费力的向北延伸的新方案。而由于留住在跑道南端的 7 户农家抗议机场的噪音，政府规定晚上 10 点以后成田机场关闭，该机场因此成为世界上唯一夜间不开放的机场。

如果同样的事情发生在不尊重产权的国家，政府部门随便发布一个行政条例，就可以按照条例规定的办法征用土地，势必对产权的市场化交易带来严重冲击。正是因为从法律到传统文化观念中都缺少对既定产权的尊重，结果无论某个历史阶段如何进行产权改革，后人仍然可以肆意重新划分，结果无休止的产权改革最终必然影响到财富的创造，让中国陷入一个"产权改革陷阱"。

很多西方国家即使发生战争，也不肆意重新分配土地。美国南北战争以南方战败而告终，然而战败的南方种植园主只是被迫解放奴隶，并没有人重新分配他们的财产。《飘》（*Gone with the Wind*）中的女主角斯嘉丽在南方战败后回到故土，发现那里的种植园产权还是她的。因此欧美国家的产权关系从历史上就是稳定而明确的，而且几百年市场交易形成的混合所有制，相对而言比较成熟，且更适应技术进步和生产力的发展。

中国的私有财产自古就不被尊重，几乎任何一次农民战争和政治变革都会直接导致对既定财产的重新分配。新中国成立之后短短的几十年内，产权结构就经历了多次反复变革。

在农村地区，新中国成立初期的土改曾经在短期内激发了广大农民的积

极性，农业产出的快速增长也为新政权的巩固和国民经济的恢复发展创造了基本条件。然而 1953 年开始的农村合作化运动将包括土地在内的全部农业生产资料收归公有，农民成为人民公社的社员，极大挫伤了农民的生产积极性。此后 20 余年屡见不鲜的饥荒和农业生产的停滞宣告了人民公社这一制度试验的失败，包产到户的土地联产承包责任制伴随着改革开放的步伐应运而生。

联产承包责任制很大程度上解放了生产力，使得农业恢复增长。然而，当人们发现了这种制度的缺陷，比如土地产权及相应权利义务界定模糊；城镇化大潮之下土地流转困难；土地无法集中而抑制规模化农业生产技术推广等等，新的土地改革的"顶层设计"又开始酝酿。

在联产承包责任制这一基本政策基础上，中国农民的土地权在集体名义下悄然地发生着各种变化，却几乎没有市场化交易。在 2013 年到 2018 年的农村土地确权过程中，很多农民并没有确认到任何土地权——如果在土地产权明确的国家，不经过市场化的土地转让交易，任何人的土地都不可变换到别人名下；而在中国的这一轮土地确权过程中，有多少人没有支付任何费用就确认到大量土地权？（免费使用还享受国家农业补贴。）又有多少农民没收到一分钱就丧失了土地权？在集体所有制的形式下，农村土地产权改革依然是戴着脚铐在跳舞。

产权关系的不成熟导致了中国近代产权改革的多次反复，深陷"产权改革陷阱"，其影响包括：强化了传统文化中对既定产权的不尊重因素；造成了近代中国产权关系长期处于不稳定状态至今；虽然某一次的产权改革可能适应了当时情况，促进了生产力的发展，但是对几十年不断变来变去的产权改革作个整体评价，它无疑是生产力平稳发展的障碍；留给当前中国一个产权迷宫，成为当前经济改革的头号难题，严重制约了国民经济的发展，造成在宪法明确保护私有财产权的前提下，民营企业家仍然缺乏财产安全保障。

总之，不论是混合所有制改革还是农村土地改革，不论是国有企业想借此引入更好的激励机制还是民营企业想借机进入某些特定行业，抑或是想推动农村土地流转，都必须从明确的产权界定和尊重私有财产权的文化开始，都要避免行政权力划分产权，一切交易都以市场化的手段来完成。

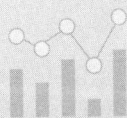

第三章

借力新经济，创造新红利，
跳出传统经营困局

1998 年，曾经是面临亚洲金融危机和国企改革攻坚的中国经济最困难的一年，那一年也是新浪、百度、阿里巴巴、腾讯等新经济的创业元年；2007 年，美国次贷危机造成全球经济衰退的时候，正是苹果手机问世的元年，再加上 3G、4G 的信息产业进步才催生了后来的微信社区、互联网约车、手机支付、共享单车等各种新业态、新模式；2019 年，伴随着传统制造业和房地产业进入供给成熟阶段，下一轮科技革命和供给结构升级的方向在哪里？如何才能借力新经济，创造新红利，跳出传统经营困局？

第一节　软性制造——重新定义制造业的转型升级之道

从提高生产效率，到提升产品质量，再到提升产品价值，这是全球制造业转型升级的必经之路。当传统汽车制造业聚集地底特律经济长期萧条之际，奔驰公司业绩却呈现出稳定增长态势。**奔驰公司前总设计师说，他们卖的不是车，是艺术品，只是碰巧它会跑。**事实上，全球制造业正在发生的巨大变化，已远远超出了通过技术进步和管理改善来降低成本、提高质量。这种几乎可以重新定义制造业变化的新特征，就是"软性制造"。

一、软性制造：新时代全球制造业转型升级大趋势

所谓软性制造，是指在制造过程中，由产品的研发、设计和品牌创造的**软价值在产品总价值占比超过 50% 的制造模式。**软性制造可以用"商品软价值系数（商品软价值 / 商品总价值）"来衡量，商品软价值系数越高，说明企业软性制造程度越高。

以下为一些典型商品的软价值系数。如图 5 所示：饲料这样的简单硬价值生产过程，很少涉及创造性思维，因而软价值系数较低；一般的汽车制造、家电制造等行业，随着创造性思维有效投入的增加，软价值系数不断提高；品牌服装、普通西药、营养品等商品，软价值系数已经超过 50%，基本属于软性制造。

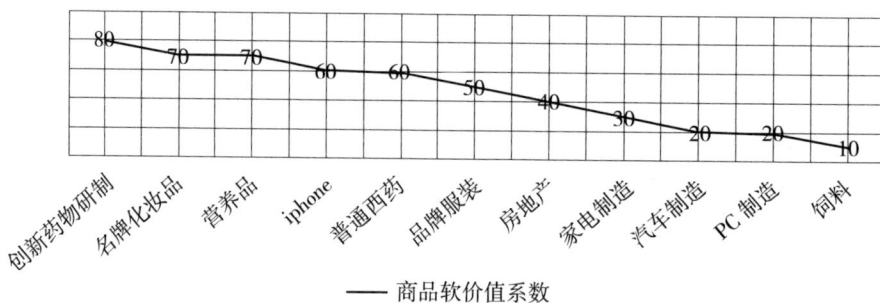

—— 商品软价值系数

图 5　商品软价值系数

数据来源：万博新经济研究院，Wind

　　经济学家马歇尔曾经说过，**"随着人类的文化的提高，随着人类的智力的发达，人类的欲望就很快地变得更为精细和更为多种多样"**。这里所谓的"更为精细"和"多种多样"的需要，就是人们对美好生活的追求。

　　如果说，满足人们的物质生活需要，主要靠商品的硬价值，那么，满足人们对美好生活的需要，则更多地要靠软价值。当人们穿着名牌服装出席重要场合时，感到的自信、尊严和自我价值提升，是因为品牌软价值；当人们欣赏悦耳的音乐、感人的戏剧时，是在享受文艺作品所蕴含的情感和文化软价值；奔驰汽车之所以在高端市场畅销不衰，原因正如其前总设计师所说，他们卖的不是车，而是一件艺术品，只是碰巧它会跑。

　　除了这些包含软价值的硬产品，还有大量以软价值为主的软产品，诸如电影、戏剧、电子游戏，又如软件、专利和创意，再如各种金融产品等等。它们在满足人们精神需要的同时，也在帮助人们实现对美好生活的追求。软产品生产的最大特点是，以人的创造性思维为主要价值来源，形成软价值，而不是以加工自然资源为主要价值来源，形成硬价值。一件商品蕴含的软价值越多，其满足美好生活需要的能力就越强；一个经济体创造的软价值越多，这个经济体满足美好生活需要的程度就越高。

二、制造业的商品软价值系数

制造业作为国民经济的基础，不仅在满足人们的物质生活需要方面发挥主要作用，而且正在越来越多地满足人民的美好生活需要。传统制造业的价值主体是硬价值，主要满足物质生活需要；现代先进制造业的价值主体越来越多地是软价值。软价值占商品总价值的比重，叫作"商品软价值系数"。

越是富含审美因素、时尚元素、技术含量，或带给消费者更多基本功能以外的精神满足的产品，其商品软价值系数越高。

十年前，尽管诺基亚、摩托罗拉在通话质量、耐久性、成本等硬指标方面，都占据了绝对的优势地位，但它们的价值主体是硬价值。乔布斯推出的苹果手机，不仅是通话工具，而且蕴含了更多的体验、品位、审美和时尚元素，更好地满足了人们对美好生活的需要，很快就后来者居上。

由此可见，进入追求美好生活的新时代，制造业单靠质量过硬、功能完备、价格低廉，已经不能满足审美、社交、自我认同等美好生活需要。那些商品软价值系数较高，蕴含更多软价值，更能在精神层面满足消费者需要的产品，占据了越来越高端以至越来越广阔的市场。中国制造业要更好地满足人民美好生活需要，就应当不断提升"商品软价值系数"。

一部苹果手机，物质成本远远低于其售价的50%，其他"多出来的价值"，与生产过程中耗费的原材料、元器件无关，它是苹果公司通过包括研发、设计、创意、创新等内在的软性投入所创造的价值。

从全球经验来看，不仅苹果和奔驰这样的消费品通过软性制造成为明星商品，通用电气、戴尔等传统制造业公司也正通过向"软性制造"转型，成为制造业中的贵族。

软性制造需要灵感、情感、创造性思维等软投入，这些软投入会转化为设计、专利、Know-How、外观、用户体验、商业模式等知识产权或无形资产。把汽车当作艺术品的奔驰公司，其业绩之所以优于把汽车当作交通工具的福特、通用和克莱斯勒，就是因为掌握了上述"软性制造"的规律。

有研究指出，当前跨国公司的收益已经主要来自软价值。根据传统海关统计，苹果公司 2015 年从海外市场获得的 1400 亿美元软价值收益，都没有计入美国的出口。如果将苹果公司在大中华区获得的软价值收益计入美国的出口，那么美国对大中华区的出口将增加 13.1%，中美双边贸易赤字将缩减 6.7%。从这个意义上说，软性制造乃是美国经济引领全球的真正密钥。

2017 年全年，特斯拉在全球范围内的销量是 10.3 万台，通用汽车的销量则超过 1000 万台，而截至 2018 年 1 月，特斯拉的市值已经接近 600 亿美元，通用汽车市值仅 600 亿美元左右。资本市场之所以给特斯拉如此之高的估值，也反映了人们对软性制造价值的认同和预期。

三、软性制造：重新定义制造业，满足新时代美好生活需要

软性制造之所以成为全球制造业转型升级大趋势，其根本原因在于，工业化社会后期，消费者的需求更多地向审美、品位、个性化等精神体验层面提升，这种需求我们称之为软需求。软需求的不断增长，激发了产品创意、研发、设计、推广、营销等环节价值创造能力的不断增强，与此相对应，单纯物质生产环节的价值创造能力相对萎缩。

在工业社会，制造业主要是为了满足人们衣、食、住、行等基本生活需求或硬需求而存在。在软需求增长强劲、硬需求增长趋缓的大背景下，那些仅仅专注于硬价值的企业，生存越来越困难；而主要依靠软投入创造软价值的高端制造业，则一直处于稀缺状态。新款苹果手机供不应求，耐克限量款运动鞋发售时遭遇抢购，购买特斯拉汽车需要排队，中国游客到日本抢购马桶盖……这些都是软性制造满足软性需求的典型案例。

为了满足新时代人民对美好生活的需要，中国制造业应从"软性制造—软需求—软价值"的角度重新定义所生产的产品：手表不仅仅是计时工具，而且是一种与珠宝具有同样属性的奢侈品；手机不仅仅是通信工具，而且是一件与时尚、体验、品位、审美相联系的智能终端；汽车不仅仅是四个轮子的代步工具，还可以是移动居所、移动办公室乃至一件艺术品。

对于全球制造业而言，这无疑是一次超越传统技术进步和管理改善的革

命。无论是美国的《先进制造业国家战略计划》，还是德国的工业4.0，实际上已经在很大程度上从不同角度、以不同方式实践着软性制造的理念。

中国的部分制造业先进企业，如华为、海尔等，也在事实上践行着软性制造，给产品赋予更多软价值。如海尔董事局主席张瑞敏就提出，在互联网时代，企业应创造用户终身价值即"软价值"，而非仅仅产品本身。先进制造业企业已经迈出软价值创造的步伐，更多的中国制造业企业在软性制造变革方面仍然大有可为。

四、实施软性制造战略：新时代中国制造业转型升级之道

"中国制造2025"把创新驱动放在首位，并提出了制造业数字化、网络化、智能化，信息化与工业化深度融合，质量与品牌建设，大力发展服务型制造业等战略思想。我们建议，在此基础上，进一步明确向"软性制造"转型的方向和路径，以切实推进"中国制造向中国创造转变、中国速度向中国质量转变、中国产品向中国品牌转变"。

首先，引导中国制造业围绕更多、更深、更好地满足人民日益增长的美好生活需要这一主攻方向，开发软性资源，增加软性投入，发现既有软性需求，发掘潜在软性需求。着力培育一批"中国的苹果""中国的特斯拉""中国的默克""中国的耐克"等软性制造领导者，树立中国制造新形象。

其次，引导中国制造业转变竞争策略，提升软价值创造能力。进入新时代，企业既要通过研发设计、创意创新、产品升级、文化传播、品牌塑造等手法，不断提升产品软价值，同时也应注意把握软性制造的新规律，研究和实施有效的市场开发与竞争策略。从国内外一些企业的实践看，在产品定位上向中高端靠拢，在产品供应上保持一定的稀缺性，往往不失为提升软价值的成功之道。以葡萄酒为例，它本应是一种以满足软需求为主、软价值含量较高的产品，但遗憾的是，国内葡萄酒领军企业没有意识到这种产品供给与需求关系的特质，大都坚持中低端的定位，在红海市场靠价格和销量展开竞争，结果不但降低了自身产品的软价值，还将中高端市场拱手让给了更会打

造和实现软价值的国外同行。

第三，引导中国制造业践行绿色发展理念，以更多软投入代替硬资源投入。软性制造和软价值创造规律表明，通过增加软投入提升产品软价值，往往比通过增加硬资源投入更能提升产品价值和竞争力。在消费者越来越注重环境保护，审美取向越来越趋于返璞归真的背景下，日本家居用品"无印良品"在设计中有意识地减少对自然资源的消耗，同时宣传一种"通过对自然素材和性能的追求达到质朴"的理念，反而受到了市场的欢迎。

第四，引导中国制造业由生产性思维向创造性思维转变，挣脱自然资源与环境的束缚。乔布斯用苹果手机重新定义了手机，马斯克用特斯拉重新定义了汽车，摩拜重新定义了自行车……当企业家从消费者的体验出发，用创造性思维赋予产品越来越多新属性时，就会逐渐使企业的价值创造能力不再集中在重复性生产环节，并自然而然地减少资源消耗和环境污染……经过一定的量变的积累后，人们就会发现，这个企业的价值创造源泉已经主要不是自然资源，而是人的资源；价值创造已经主要不是依靠简单劳动，而是更多地依靠智慧；这家企业就在很大程度上摆脱了有限的自然资源和环境承载力的束缚，进入"用智慧创造财富，用体验实现价值"的新范式。

软性制造是新时代全球制造业转型升级大势所趋，是满足新时代不断增长的美好生活需要的重要途径。苹果公司、特斯拉、通用电气、戴尔等全球领军企业已经开启软性制造先河，中国应当及时发现新动向，掌握新规律，尽快实施软性制造战略，为切实有效地推进中国速度向中国质量、中国价值的转变，进一步提升中国制造业在国际分工价值链中的地位，打开更加广阔的发展空间。

第二节 软价值战略——美国从贸易逆差中赚取利益的秘密

自 1994 年以来，中国对外贸易持续顺差，2015 年曾达到 5670 亿美元的高峰，占当年 GDP 的 5.34%；2017 年仍有 4380 亿美元的规模，占当年 GDP 的 3.46%。但从产业上看，中国目前的贸易格局实际上是担顺差之名，却未享相应的顺差之利。大量出口的中低端工业品消耗了国内的能源原材料，加重了环境负担，却只能获得低廉的利润；而一部分中高端商品的出口，仍然是跨国公司利用中国的劳动力和制造业产能实现的加工贸易，形成的顺差由中国承担，利润却归跨国公司。

一、中国只赚顺差，而美国公司赚钱

中国"担顺差之名，却未享相应的顺差之利"，美国却能够从逆差中赚取利润的一个重要原因是，美国的很多跨国公司实际上在以海外生产的方式，出口其高软价值产品，而这些产品所蕴含的软价值，实际上计入了生产国——例如中国的出口，利润却落入了美国跨国公司的口袋。

举例而言，苹果公司目前在美国本土基本没有组装工厂，所有在美国以外的市场销售的苹果产品，都是在美国以外的工厂（如位于中国的富士康）组装，然后由苹果公司的渠道发售的，这些产品不会体现为美国的出口，它蕴含的软价值，即由硬件设计、软件编程、用户界面设计、APP 生态圈等等，由美国本土苹果总部的工程师、程序员、设计师的创造性思维以及由消费者的感受、口碑和传播形成的价值，随着这些硬件产品的销售也成为苹果公司的收入，本质上是一种软产品的出口。数据显示，2017 年苹果公司的销售收入 2292 亿美元中，有 63% 来自海外市场，其中又约 64% 是软价值带来的

收入，却记入了中国等生产国的出口收入，美国的贸易逆差看起来增加了，实际上却享受到了利润。

二、硬价值企业困难，软性制造赚钱

在工业社会，制造业主要是为了满足人们衣、食、住、行等基本生活需求或硬需求而存在。例如，生产运动鞋就是为了在跑、跳、打球时更加便捷，满足的是硬需求。到了工业化社会后期，运动鞋成为一种文化消费品，年轻人不仅在打球运动时穿着，拥有一双名牌运动鞋还是时尚的标志，而能够拥有一款限量版的 Air Jordan，简直就能在朋友圈引发羡慕的高潮，成为受崇拜的偶像。这时的运动鞋，帮助运动的功能不仅存在而且大大提升了，但是在创造价值的能力上，这种"硬功能"却退居幕后，让位于满足心理需求的"软功能"。

在软需求增长强劲、硬需求增长趋缓的大背景下，那些仅仅专注于硬价值的企业，生存越来越困难，其根本原因就是人类通过加工自然资源创造价值的能力，已经进入了简单复制即可成倍扩大的阶段，但这种生产方式创造价值的能力，也进入了迅速下降的阶段。例如，在平地上建设一个年产上百万件服装的工厂只需要 10 个月的时间，建设一个年产 400 万台电视机的工厂只需要 14 个月的时间，而建设一个整车组装厂只需要 24 个月的时间——只要资金到位，没有任何技术问题。这样的生产能力意味着饱暖丰足的生活，这虽然曾经是人类梦寐以求的，但当庞大的生产能力真的来临时，新的矛盾出现了——简单加工自然资源的生产方式，已经不再能创造出原先那么多的价值，生产就意味着滞销、积压和亏损。

三、软性制造的两阶段

软性制造的特点是，一方面，它需要企业加大在科技、设计、品牌、文化、感情等方面的投入，创造出更加符合消费者需要、贴近消费者感受的产品，这是价值创造的第一阶段；另一方面，它也需要消费者在使用中不断体会、评价、传播对产品的印象和感受，这是价值创造的第二阶段，可以说是企业和消费者共同创造了商品的价值，这是从事软性制造必须把握的根本特点。

因此，我们在苹果手机、耐克运动鞋、特斯拉电动汽车等商品的消费群体中，看到了独特的"产品粉丝"现象，"果粉"们在不断交流使用苹果产品的技巧、体会和新品的消息；耐克运动鞋的粉丝则会在网上对新款限量版评头品足；驾驶特斯拉的车主也形成了独特的圈子。他们的评价、态度和口碑，是这些商品增值的重要推动力。

而中国制造目前还缺乏这样的"产品粉丝"，在很大程度上说明中国企业还没有掌握软性制造的"两阶段"价值创造法则，但是在华为、安踏等品牌上，我们已经看到了一定的端倪。

在欧洲，华为正在试图建立一种前卫潮流的形象。据华为欧洲消费品总监介绍，"我们在欧洲从 2011 年开始做品牌，遇到了很多坎坷。差不多从 2016 年开始，可以说终于实现了华为在欧洲的立足，无论是媒体、消费者还是行业，都认可了华为从廉价中国产品（China Cheap）到中国创造再到引领技术潮流的形象转变"。在 2018 年《福布斯》全球品牌价值榜单中，华为排在第 79 位，较上一年又前进了 9 位。

国内领先的运动鞋制造商安踏，聘请 Adidas Hoop 的前首席设计师 Robbie Fuller 担任首席创意官，2018 年 3 月推出了以 NBA 金州勇士队球员汤普森和他的爱犬为设计元素的 KT 系列球鞋 KT3-Rocco。在旧金山 Nice Kicks 鞋店限量发售时，引发当地年轻人排队购买，有的甚至提前 4 个多小时就在门口排队，这也是中国品牌球鞋首次在美国引发排队抢购的热潮。

为了满足新时代人民对美好生活的需要，也为了扭转中国在对外贸易中"顺差很大、利润很少"的窘境，中国制造业应从"软性制造—软需求—软价值"的角度，让中国制造业在时光流逝中不断增值。

四、学习美国企业提升软价值

当前中国制造业面临的一个重要问题是，研发、设计和品牌发展严重滞后于产能的扩张。从经济体量来看，中国目前已经是世界第二大经济体，世界第一大货物贸易国，制造业规模世界第一。但是在 2017 年 Interbrand 全球最佳品牌 100 强排行榜中，我们却只看到华为（第 70 名）和联想（第 100 名）两个中国品牌。同时，从价格来看，欧、美、日等国家的产品还是普遍高出中国产品一头，从消费者感受来看，"进口商品≈高档商品"，而国产品等于大路货的认知还是普遍存在。看看我们身边，国内的游客在欧洲和澳大利亚抢购奶粉上了媒体头条，两年前赴日旅游的中国游客还在抢购日本的马桶盖，就连作家莫言去德国开会时，也要买个德国的高压锅背回来。

中国产品质量不行吗？这是广大消费者的普遍印象，但是同时我们也看到，中国游客在日本抢购的智能马桶盖实际上是 Made in China，有不少国际大牌实际上是由中国工厂代工生产（尽管很多国际大牌企业没有公开承认过）。也就是说，中国已经完全具备了生产世界一流产品的能力。

是因为中国企业不重视品牌建设吗？数据显示，2015 年中国广告市场规模是美国的 41%，但是增速却达到了美国的 2.4 倍。预计未来三年中国仍将保持这样的增速，预计 2018 年中国广告市场的贡献将首次超过美国成为全球第一。可见中国企业不重视品牌建设的观点也不成立。

是中国不重视研发吗？2017 年，中国 R&D 经费规模已达世界第二位，约等于世界第一美国的 60%，达到 17606.1 亿元，相比上年的 15676.7 亿元增加了 1929.4 亿元，增长比例为 12.3%。

相比欧、美、日的成熟设计行业，中国设计的确还处在学习阶段，但是如果要说**究竟是什么让中国制造业成为跛足的巨人？——是缺少软价值思维。**

在工业社会早期，人们看重的是硬财富本身的使用功能，到了工业社会后期，工业化大生产所带来的巨大生产能力已经让我们进入一个"丰裕社会"，人们更加注重的是消费带来的精神体验，能否给工业产品附加更多的软价值，成为持有国际大牌的跨国公司角逐的战场。食物早已超越充饥的基本效用，是否能够带来养生、健康、身份和文化的体验，才是它是否受欢迎的决定要素；衣服也超越了蔽体御寒的基本效用，是否能成为时尚和身份的标志，才是它能否实现价值的根本。正如《软财富》一书中指出的，"当拥有软实力的国家掌握了消费性财富的潮流和主导权，那些仍然满脑子'硬财富观'的厂商和劳动者就只能做苦力赚取微薄的'硬报酬'"，只有那些以生产软财富的思维生产硬财富的企业，才能在品牌竞争中胜出。像美国的谷歌、埃森哲、JP.Morgen、万事达、迪士尼、发现频道等，这些企业没有投资巨大的厂房，没有每天都在贬值和折旧的大量机器设备，没有遍布城乡的营销渠道，他们有的是高素质的研发、创意、分析和设计人员，有的是对客户精神需求的精准把握能力，以及研发、设计、品牌等软价值。

2019年初，华为发布全球首款5G基站核心芯片，只有具备核心软价值创造能力，中国制造业这个巨人才能继续健步如飞！

第三节 软产业——新旧动能转换的必然选择

美国、欧洲、日本的发展历程都已证明，完成工业化的国家和地区，进一步发展的空间绝不再是低端制造业。从新时代中国国情出发，大力发展软产业既是满足人民美好生活需要、建设社会主义文化强国的迫切要求，也是新旧动能转换的必然选择和深化供给侧结构性改革的有力抓手。

一、当前全球经济复苏的不平衡性与产业结构的新特点

当前，尽管全球经济正在缓慢复苏，但引领全球经济复苏的美国和中国，增长动力和产业结构都呈现出很强的不平衡性。

从经济总量看，美国排名第一的加利福尼亚州的 GDP 是排名最后的佛蒙特州的 80 多倍。从产业结构看，美国经济实力排名靠前的几大州，加利福尼亚州主要依靠信息技术、科技研发、影视制作、航空航天等产业，硅谷、好莱坞都集中在这里；得克萨斯州主导产业是高科技产业、生物科技、医疗产业，由休斯敦、圣安东尼奥、达拉斯构成的三角区域，已成为美国第二个"硅谷"；纽约州以金融和制药等产业见长；佛罗里达州的第一经济支柱为旅游业，拥有奥兰多主题公园之都、梅里特岛肯尼迪航天中心、棕榈滩旅游度假天堂、迈阿密国际空港门户、南端原生态海岛等各具特色的代表城市和景点；伊利诺伊州的芝加哥则是除纽约外的又一金融重镇，芝加哥商业交易所（集团）是世界最大的期货交易所，全州有数千家银行和保险机构，上万家各类金融公司。

表1　美国经济规模排名前5名和后5名的州（2017年现价）

（单位：亿美元）

排名	州名	GDP	排名	州名	GDP
1	加利福尼亚州	27468.73	50	佛蒙特州	321.97
2	得克萨斯州	16962.06	49	怀俄明州	402.86
3	纽约州	15471.16	48	蒙大拿州	480.98
4	伊利诺伊州	8203.62	47	南达科他州	499.28
5	佛罗里达州	9673.37	46	阿拉斯加州	527.89

数据来源：万博新经济研究院，Wind

而经济实力落后的几个州，主导产业主要集中在农业、矿业以及林业等。由此可见，这一轮美国经济复苏，主要是由发达地区的信息技术、金融、生物制药、文化娱乐等新产业、新经济带动的，那些以传统制造业、农林业、矿业为主的地区，经济并没有好转。

在中国，经济增长也存在相当程度的不均衡。例如，在中国经济最具活力的城市——北京、上海、广州、深圳、杭州，第三产业占GDP比重都在60%以上，而在经济相对落后的地区，第三产业占比往往低于50%。

中美两国经济增长的火车头都是科技研发、文化娱乐、信息技术、医疗制药、金融、传媒等产业。那些仍然以传统低端制造业为主的地区，经济增长则远远落后，甚至长期处于停滞或者严重萎缩的状态。

二、软硬产业的"八二定律"：挣脱自然资源束缚的经济发展新趋势

所谓软产业就是指以软价值为主体的产业。如果一个产业创造的总价值中，软价值的占比在80%以上，就是典型的软产业。从大的分类看，软产业主要包括**知识软产业**，如教育、咨询、智库、会议论坛等；**文化娱乐软产业**，如影视、电子游戏、主题公园等；**信息软产业**，如传媒、社交媒体、人工智能、大数据、云计算等；**金融软产业**，如普惠金融、绿色金融、风险投资等，以及其他服务业。

软产业以人的创造性思维为主要价值源泉，摆脱了自然资源的限制；同

时，由于主要满足人们永无止境的精神需求，也摆脱了传统产业总需求不足的局限性，因此具有无限广阔的发展空间。欧、美、日、韩等发达国家和地区软产业普遍发展较快，已经占据了 GDP 的主要比重。

在美国经济中，1970 年软产业占比是 61.2%，1980 年是 63.6%，1990 年是 70.1%，2000 年是 75.4%，2010 年达到 78.8%，近年来一直是 80% 左右。未来，软硬产业的"八二定律"将成为全球发达经济的新趋势，即在后工业社会，软产业将占 GDP 的 80%，硬产业只占 20%。

从农业社会转向工业社会的过程中，经济学家曾用恩格尔系数（食品开支占家庭消费支出总额的比重）来描述一个经济体的发展程度，恩格尔系数越低，说明经济越发达。在工业化社会后期，恩格尔系数已经不能反映社会经济和产业结构的发达程度，而"社会软价值系数"更适合作为衡量经济社会发达程度的指标。万博新经济研究院将"社会软价值系数"定义为软产业占 GDP 的比重。一个经济体的"社会软价值系数"越高，其经济越发达。

随着经济发展，那些主要不是通过加工自然资源来创造价值，而是以人的创造性思维为价值创造源泉，以满足人们精神层面的需要为主要目的的产业，如知识产业、文化娱乐产业、信息产业、金融产业以及其他服务业等软产业，在社会价值创造中的占比变得越来越高。我们将这五大软产业占 GDP 的比重称为"社会软价值系数"，作为衡量一个经济体满足美好生活需要能力的主要指标，其公式为：社会软价值系数 = 软产业增加值 /GDP。

从发达国家的经验来看，在工业社会后期，硬产业的比重逐渐下降，软产业的比重逐渐上升。从欧洲和日本等国家的情况看，社会软价值系数也是反映这些国家经济增长质量和满足美好生活需要程度的重要经济指标。从上述发达国家的历史经验看，社会软价值系数在接近 80% 时就处于基本稳定、小幅波动的状态，我们称之为后工业社会软硬价值的"八二定律"。

在过去几十年快速工业化阶段，我们曾经用 GDP 增速作为主要发展目标，用恩格尔系数衡量经济结构变化。在满足美好生活需要的新时代，提出并发展商品软价值系数、社会软价值系数等新的经济指标，建立与之相关的社会发展和政绩考评体系，对于推动经济转型升级，实现高质量发展，具有重要意义和参考价值。

三、大力发展软产业：满足人民美好生活需要的长期必然选择

党的十九大报告指出，新时代中国社会主要矛盾已经转化为人民日益增长的美好生活需要和不平衡不充分的发展之间的矛盾。从产业发展的角度来看，这个新的矛盾主要表现为人民日益增长的软需求与发展不充分的软产业之间的矛盾。因此，大力发展软产业，是推动新旧动能转换、满足人民美好生活需要的必然选择。

（一）知识软产业：空间广阔，分类施策

传统社会中，知识的创造和传播不是独立产业。一部分是由政府提供的公共产品，如政府直属的公共教育、科研机构等；另一部分则附属于硬产业，如企业内设的研发部门等。

进入软价值时代，知识的创造和传播已经成为独立的产品和巨大的产业，知识的创造、传播和运用都能够创造价值。教育培训、科研、咨询、智库、会议、会展经济都成为蓬勃发展的新兴产业，不但自身创造了巨大的软价值，更为整个社会的劳动力素质提升、人才流动和产业转型升级创造了条件。

在教育产业，除了幼儿教育、职业教育、语言培训等传统产业化教育之外，针对艺术、体育、保健养生等方面的教育需求开始大量涌现，值得重视、引导、鼓励。

科研产业正在从政府部门和硬产业的束缚下解放出来，迎来非常广阔的发展空间。如人工智能、大数据、物联网、新材料、脑科学等领域，一些来自高校、大型互联网企业的高层科研人才创办的独立科研单位，将自己的研究成果运用到各个行业和部门，创造了巨大的商业价值。

咨询软产业规模也日益膨胀。除了战略咨询、管理咨询外，还有行业咨询、品牌咨询、创业咨询，以及人力资源、税务、法律、社会保险等企业

咨询细分行业。针对个人服务的心理咨询、留学咨询、人际交往、健身、养生、就医咨询等也有很大发展空间。

会展和论坛经济是近几年涌现的知识产业新形态。来自不同国家、不同行业、不同企业的创造性人才在短时间内进行密集的信息交流和智力碰撞，可以产生巨大的立体商业价值，比如瑞士的达沃斯论坛、中国的博鳌亚洲论坛、乌镇互联网大会、深圳高交会等。

另一个长期被忽视但潜力巨大的知识软产业是智库经济，智库不仅服务于国家决策层，也可以为地方经济社会发展提供公共决策咨询，为推动某个产业发展提供政策建议。在智库最发达的美国，1800 余家智库不仅其本身已成为规模可观的软产业，而且对美国的国会立法、政府决策、产业发展起到了不可替代的作用。中国的智库产业刚刚起步，很多还停留在"搭台子请名人办论坛"的初级阶段，但是可以预见，随着未来经济社会复杂程度的提高，各级政府部门对智库软产品的需求量会不断提升，种类也会不断丰富。大力发展各种类型的社会智库，是知识软产业发展的题中应有之义。

（二）文化娱乐软产业：创造愉悦，挖掘禀赋

文化娱乐是人类精神需要的重要方面。由文化艺术品的创作、表演和感受创造价值的文化娱乐软产业正在成为全球经济的重要增长极。好莱坞的电影不仅在海外创造了远超美国本土市场的票房收入，而且成为美国生活方式和价值观输出的有效载体。迪士尼公司几乎不消耗任何自然资源，仅凭丰富的想象力和创造性打造出来的米老鼠、狮子王等卡通形象，就获得了数百亿美元的品牌价值，从奥兰多到东京，从巴黎到上海，迪士尼乐园也带动了当地经济的增长。

中国浙江横店小镇，看准了为影视剧提供拍摄基地这样一个幕后定位，在 2016 年一年就实现了 140 亿元的生产总值。与此相类似，电影节、音乐节等为戛纳、达拉斯等城市带来了大量的旅游客源和丰厚的经济收入。

为相关文化产业搭建平台、提供服务，是发展文化软产业的重要途径。

只要善于挖掘和提炼自身的历史文化禀赋，各个地区都有机会发展各具特色的文化娱乐产业。例如，在上海金山，随着农民画产业链的不断拓展和延伸，大量作品涌入市场，年产值已高达 5 亿元。

文化娱乐软产业发展需要相对宽松的政策环境和严格的知识产权保护。2018 年中国国产电影开始兴起，《我不是药神》《红海行动》等影片创出票房佳绩，在线音乐市场连续三年实现 40% 以上增长；抖音等手机软件开始走向全球，都说明中国的影视剧、主题公园、电子游戏、音乐等文化娱乐产业正在成为全球瞩目的新经济增长点。

（三）信息软产业：发展迅猛，先放后管

信息软产业主要的内容就是信息的生产、处理、传播和使用，每一个环节都蕴含着价值创造的机会。不论是在硅谷，还是在深圳、杭州、北京中关村，IT 企业的发展都需要密集的人才聚集、充沛的风险资金支持、宽松的创业环境和完善的知识产权保护。

自媒体时代，在微博、YouTube 上发表见解，在点评网站上作消费评价，都是在创造价值。在对不良信息进行有效规范的前提下，保持信息发布的通畅，是扩大信息软产业价值创造的基础。

在信息处理环节，需要人的创造性思维发挥重要作用，从看似杂乱无章的信息中挖掘出有用的规律，大数据可以在零售、医疗、旅行等领域创造出巨大价值，人工智能在信息处理中的作用和价值也正日益显现。

在信息传播环节也能创造巨大的财富。各种传媒包括社交媒体，如微信、Twitter 等，实际上都已经在通过传播信息实现商业价值。不难预期，未来信息传播渠道会越来越多，企业需要不断发现和利用新的信息传播渠道。

在信息使用环节，越来越多的行业、领域正在用信息流代替物流、人流和资金流，从而大大地提高了效率，降低了成本。例如，通过精准匹配车源和货源，一个叫"货车帮"的应用软件，极大地促进了物流交易快速达成，减少车辆空跑和配货等待时间，显著提升了货运系统的效率。据测算，2016

年，"货车帮"为中国节省燃油费 615 亿元，减少碳排放 3300 吨。

（四）金融软产业：以新金融服务新供给，用最低成本搭起资金供需桥梁

金融软产业是由金融产品的创造、发行和交易创造价值的。金融软产业发展的根本出发点，是以最高效率和最低成本重新配置资源。美国硅谷的高科技产业之所以能够飞速发展，很大程度要归功于各种层次的风险投资，它们以最低的成本和最高的效率，给创业者提供了"适销对路"的金融支持。对资本市场和目标行业都很了解的风险投资家团队，是创业领域金融资源的最有效率的分配者。

腾讯牵头发起设立的国内首家互联网银行——微众银行，成立时间不长，就实现了 99.5% 的客户贷款余额小于 5 万元，客户中大专及以下学历占 40%，信贷资产规模比年初增长 7 倍，不良率仅为 0.32% 的好成绩。它依靠的是 A+B+C+D，即人工智能（AI）+ 区块链（Blockchain）+ 云计算（Cloud）+ 大数据（Big Data）的金融科技（Fintech）基础服务功能。

不论是扎根硅谷多年的风险投资家，还是从 IT 行业跨界进入金融业的微众银行，都把握住了"以最高的效率和最低的成本重新配置金融资源"这个原则，实现了金融软产业"用最低成本搭起资金供需桥梁"的初衷。在旧金融难以服务新供给的经济背景下，以新金融服务新供给，也是金融软产业自身发展和为社会创造价值的体现。

（五）高端服务业：体验创造价值

高端服务软产业经营的不是硬商品，而是软服务，人们消费星巴克并不是为了在最短的时间内得到一杯咖啡，而是享受手工调制下包含的更多的东西，也许是熟悉的口感，也许是沉淀的时间，也许是独一无二的辛苦，也许是品质生活的炫耀，也许仅仅是内心没有任何理由的一种莫名遐想……

当星巴克为了提高效率，在门店使用全自动咖啡机，其效果是降低了人员培训的成本、减少了咖啡的浪费、大幅降低了咖啡的制作时间，的确提

高了生产效率，但是它的股价却开始下跌，随后利润也出现下滑。高端服务业的价值创造的关键，就是满足人们复杂的心理需求，因此产生了丰富多彩的、分工越来越细腻的服务行业——他们为人们提供着远远超乎商品介质本身的心理体验和精神满足感。

自从工业取代农业成为创造价值的主要范式，人类在短短 300 年时间里，生产出了比以往几千年都多的物质财富。今天，把握软硬产业"八二定律"新趋势，大力发展知识产业、文化娱乐产业、信息产业、金融产业和其他服务业等软产业，是中国经济实现新旧动能转换，满足新时代美好生活需要的长期必然选择。

第四节 软企业战略：以小米为例

小米公司在短短 8 年的时间内，取得年销售收入超过 1900 亿元（2018年）、智能手机年销量接近 1.2 亿部（2018 年）、硬件生态链企业年销售额超过 200 亿元（2017 年）的成绩，小米的成功不仅仅让中国出现了一个优秀的智能手机企业，更重要的是企业的研发模式、管理模式乃至价值创造模式都出现了新的变化，其中有哪些值得重视的经验和规律呢？

一、先有公众价值，后有盈利模式

在创业之初，雷军并没有上手就做手机，而是为小米规划了清晰的发展路线：先做移动互联网，至少一年之后再做手机；用互联网的方式做研发，培养粉丝，塑造品牌形象；不以手机盈利，把手机变成渠道。

在一件产品都没有的情况下，小米培养粉丝和塑造品牌形象的办法是开发和推广 MIUI 手机操作系统。这是一个基于安卓（Andriod）的主程序操作系统。雷军要求 MIUI 是个"活的系统"，它的开发和发布走互联网路线，高度重视用户反馈，每周快速更新版本，目的就是积累大量的粉丝。

这种研发和发布方式取得了非常好的效果，MIUI 产品上线的第二天早上就得到用户反馈，而且能看到很多用户真实的身份，有的是水果店店长，有的是香港内衣设计师……项目负责人曾惊讶地表示，第一次这么近距离地接触用户，你会发现，如果你善待用户，他带给你的好处是超出想象的，他对你的宽容度也是超出想象的。在一年时间内，MIUI 就拥有了 50 万论坛粉丝，有 24 个国家的粉丝自发地把 NIUI 升级为当地语言版本，自主刷机量达到100 万，这给小米手机的销售做了非常好的铺垫。

这不就是互联网的挣钱办法吗？雷军总结道，"阿里巴巴、百度、腾讯一开始都不挣钱。一旦有了大量用户和品牌资源，就有各种各样的办法可以挣钱"。这就是"先有公众价值，后有盈利模式"[1]的规律。小米后来的发展也证实了这个规律的有效性，雷军将它提升为一句话："优秀的公司赚的是利润，卓越的公司赢的是人心。"很多企业都把赢得人心挂在嘴上，已经成了一句套话，但实际上在后工业社会，各行各业都不得不越来越多地转向人心，通过争夺人心来创造价值，实现价值。

在工业时代，制造业通过加工自然资源创造价值，生产一批马克杯，就创造了一批马克杯的价值；生产一批汽车，就创造了一批汽车的价值，与消费者的感受——人心没有关系。当传统工业品生产能力大幅提高，单纯加工自然资源的价值创造能力逐渐下降，一种新的价值创造范式正在兴起：通过人的创造性思维，来引发消费者心理感受的认同和共鸣，由此创造的价值，我们称之为软价值。要创造软价值，就必须重视引发消费者的感受，重视赢得人心。小米的成功，很大程度上要归功于赢得了消费者的人心，掌握了创造软价值的一条重要规律：先有公众价值，后有盈利模式。

与其他手机厂商不同，雷军并没有将小米手机作为盈利的主要来源。这是因为雷军确定了"把手机变成渠道"的策略：手机坚持做顶级配置并强调性价比，通过"感动人心、价格厚道"的手机产品，最大限度地吸引客户成为小米品牌的粉丝，在大量粉丝人群的基础上，再创新出更多的盈利模式。这就是雷军创业之初领悟到的一条重要道理："一旦有了大量用户和品牌资源，就有各种各样的办法可以挣钱。"

有一个有趣的小例子可以说明"先有公众价值，后有盈利模式"的道理。小米移动电源初期是赔钱的，后来产量达到1000万个之后，成本下降，基本上有了微薄的利润，但也几乎是不赚钱的。那么，一个产品不赚钱怎么能

---

[1] 滕泰著：《软价值：量子时代的财富创造新范式》，中信出版集团2017年版，第261页。

够长远发展？小米公司采用了一个"小费模式"，就是在小米移动电源的基础之上，设计了为之配套的保护套、能够插在移动电源上的 LED 灯和小电扇，这些小产品非常精致、有趣，很多买了移动电源的用户都乐于顺手再买几个这样的小东西，这就是用户给小米的"小费"。移动电源本身利润极低，而这些附加的小产品是有一个比较合理的利润空间的。每个月卖出几百万个移动电源，总能顺便卖掉几十万个小配件，每个只赚几块钱，也有几百万元的利润。

二、消费者也是价值创造者

"消费者也是价值创造者"是后工业时代的一个重要变化，小米就成功地实践了这个理念。

在工业时代，生产者和消费者是截然分开的，企业负责生产，居民负责消费。随着技术的进步和生产模式的变化，二者之间的界限在逐渐模糊。例如新浪公司开发了微博，上亿的用户在微博上分享自己的经历、行程、感受，这时能说新浪公司是生产者，而用户是消费者吗？正是因为这些用户的使用，才使得微博有了内容，有了人气，有了温度，这时用户也成了生产者，成了价值创造者。"软产品的价值决不完全来源于最初的创作者本身，而是更多来源于后期参与打捞过去价值、品味存在价值、判断未来价值的认知主导者和认知跟随者。"[1]

这一点小米公司做得非常好。在 MIUI 系统的开发过程中，小米有意采取了"橙色星期五"互联网开发模式，让用户深入参与到产品研发过程中，核心是 MIUI 系统每周五更新，下周二用户提交体验报告，开发团队在论坛和用户互动。从一开始能收到上万份反馈，到后来有 10 多万用户参与，小米成功打造了一个"10 万人的互联网开发团队"。

---

[1] 滕泰著：《软价值：量子时代的财富创造新范式》，中信出版集团 2017 年版，第 74 页。

用户不断将新系统使用中的感受、问题、新需求反馈给开发团队，因此系统可以及时进行调整和升级，升级后的系统再次交给用户去感受、体验和提出修改意见……这种开发方式类似于美剧所采用的修改、制作、播放同步的制作方式，可以由观众口味和反映决定剧情走向，往往能取得很好的效果。

小米公司非常强调用户的"参与感"，甚至将它作为公司重要的方法论，这实际上正是把握住了消费者也是价值创造者的规律。小米在产品设计、研发、发布、销售各个环节，都设置了用户参与的入口，例如在每周二新产品开放购买开始后，能够顺利购买到小米产品的用户，都可以通过微博、微信、论坛等渠道发布自己的感受评价，分享对产品设计细节的喜爱，这不仅是传统意义上的扩大影响，实际上都是在通过用户参与来提升小米产品的软价值。

小米成功地创造了公众价值后，通过弯曲的路径完成了价值兑现，这又是如何做到的呢？

三、通过弯曲、立体的路径实现价值

小米手机的低价策略是尽人皆知的。2017年第3季度的数据显示，小米的单机利润仅为2美元，不仅远低于苹果151美元和三星的31美元，还低于国内华为（15美元）和OPPO、vivo等手机厂商。有良好的口碑，有很大的粉丝群体，又不靠手机销售赚钱，雷军领悟到的"一旦有了大量用户和品牌资源，就有各种各样的办法可以挣钱"该怎样实现呢？

迪士尼的电视卡通可以免费收看，但当孩子们爱上了米老鼠唐老鸭，要去迪士尼乐园、购买米老鼠和唐老鸭的玩具和服装、观看电影版的迪士尼作品时就必须付钱。与之类似，小米通过手机吸引的大量粉丝，在小米公司的互联网业务和生态链系统企业的产品上，为小米贡献了销售收入和利润；同时，生态链企业估值增加带来的投资收益和小米上市，也从资本市场上兑现了前期创造的公众价值，这就是通过弯曲、立体、多元的路径来

实现价值的思路。[①]

据小米的招股说明书透露，2017 年 12 月 MIUI 系统的活跃用户已经增加到 1.7 亿，每人每年在互联网业务给小米贡献的收入达到 57.9 元。也就是说，依托庞大的粉丝群体，小米可以很顺利地开展线上广告、线上游戏、在线音乐、在线视频、互联网软件的分发等业务，已经能实现每年上百亿元的收入。未来还有可能通过小米金融等业务，实现更多业绩。

其次，小米的生态链系统是实现其公众价值的又一个"立体"的途径。通过被称作"竹林模式"的方式，小米在过去的 3 年里，已经投资孵化了 77 家企业，形成了一个小米生态链。这些企业目前已经发展起了一个接入超过 800 种智能硬件，物联网设备总数达到 8500 万台，日活跃设备超过 1000 万台的全球最大的智能硬件 IoT（物联网）平台。

就像雷军曾说过的，"小米生态链企业"做的产品，全部是用小米在背书，由此获得小米粉丝的认可，对产品的销售有很明显的推动作用。小米天猫旗舰店 2017 年双十一期间，除小米手机连续 5 年手机销量全网第一外，小米电视、小米笔记本电脑、小米空气净化器、小米手环、九号平衡车等生态链产品均表现突出。

小米作为这些企业的投资方，一方面收获了生态链产品的销售所贡献的利润；另一方面，生态链企业的估值增加或者上市成功，也为小米带来了可观的投资收益。此外，这一独特的生态链系统被视为小米未来发展的重要基础，也在小米此次上市的估值中贡献了相当大的比重。

小米公司实现价值的第三个路径，就是通过风险投资和资本市场，实现不断提升的估值。2010 年底，小米 A 轮获 4100 万美元融资，估值 2.5 亿美元；2011 年底、2012 年 6 月、2013 年和 2014 年 12 月，小米获得了 B、C、D、E 轮融资，其中 E 轮融资时的估值已经达到 450 亿美元，也就是说从 2010 年

---

① 参见滕泰著：《软价值：量子时代的财富创造新范式》，中信出版集团 2017 年版，第 118 页。

到 2014 年，小米的估值翻了 180 倍。

四、高度重视软资源

在传统工业时代，各种自然资源对企业发展非常重要，能否得到稳定的原材料、能源供应，往往决定了企业的成败。而对当今的企业，钢铁、煤炭、石油似乎没有那么重要了，代之而起的是各种软资源。我们可以从小米发展中的两个案例，来分析是哪些软资源在发挥作用。

一个案例是小米联合创始人、副总裁、小米生态链负责人刘德在一次演讲中回顾，创业 7 年，小米收获了什么？刘德回答，小米最重要的收获有 8 条，分别是：团队、品牌热度、活跃用户、电商平台、供应链、资本、信誉和方法论。

另一个案例是，回顾小米生态链的发展历程，这些新竹、新笋——生态链企业的快速成长，在很大程度上要归功于小米公司在以下几个方面的支持。

品牌支持：小米对生态链公司中，符合小米品牌要求、通过小米公司内测的产品，开放"米家"和"小米"两种品牌。**供应链支持**：在生态链公司做产品的过程中，小米发挥自身产业整合的能力，以高信誉为生态链公司提供供应链背书。**渠道支持**：对生态链中获准使用"米家"和"小米"品牌的产品，小米开放四大渠道，包括 PC 端的小米网、手机 APP 上的小米商城和米家商城，还有线下店面小米之家。**投融资支持**：小米根据生态链公司的发展阶段，分批进行集体路演，集中邀请一线投资机构、投资人，为生态链公司的融资提供支持。

另外，小米还向生态链公司输出方法论、价值观和产品的标准。例如，协同进行产品定义、帮助进行 ID 设计、输出品质控制的要求和技术等等。

我们可以看到，品牌、渠道（电商平台）、供应链、融资（资本）、方法论（价值观）、标准，以及信誉、团队、活跃用户……这些有别于原材料、能源，不同于厂房、设备的"软资源"，在小米的发展中发挥了不可替代的作用。我们甚至看到在雷军创业的过程中，以往工作创业积累的人脉、关系，也发挥了非常重要的作用。

与工业时代的企业发展更多地需要硬资源不同，现在的创业企业更需要的就是小米能够为之提供的这些软资源，小米不但在自身发展中形成、积累了大量的软资源，而且通过"投资＋孵化"的竹林模式，用这些软资源来带动和帮助创新、创业企业成长，由此更加凸显出小米的软企业特征。[①]

五、以"快"应对"不确定"

在传统的工业社会，制造业的变化相对缓慢，由此其投资机会和投资行为也都相对比较确定，企业的寿命一般相对较长；到了工业社会后期，技术进步的步伐加快，IT 行业进步和淘汰的速度也加快了，经济的不确定性越来越强，企业的寿命也有缩短的趋势。

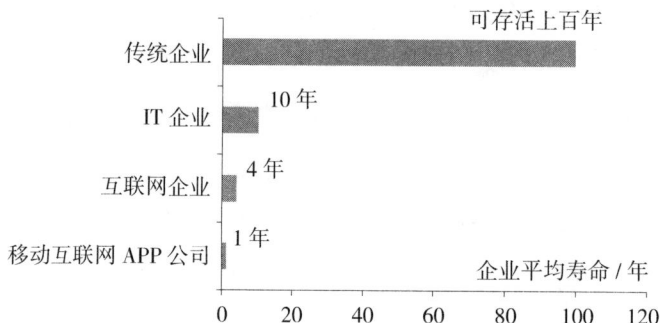

图 6　随着科技的进步，企业的平均寿命逐渐缩短

不确定性的增强是企业风险增大、寿命缩短的一个重要原因。在新的时代，很可能非相关领域的一个技术进步或者模式变革，就会对一个细分行业产生巨大的影响，就像智能手机的崛起在非常短的时间内就让上一代的手机领军企业诺基亚从巅峰坠落，最终退出了市场；移动支付和理财的发展对银行储蓄业务产生了巨大的冲击等等。

为了应对不确定性，小米的办法是"快"字诀，在投资、研发、生产各

---

① 参见滕泰著：《软价值：量子时代的财富创造新范式》，中信出版集团 2017 年版，第241 页。

个环节都要快，在最初版本不求尽善尽美，要求快速面世，但是后续的快速迭代优化一定要跟上，以此来实现产品的不断升级完善，同时对外界变化随时保持了回应的能力。

例如，手机操作系统的升级，在功能机时代，开发一个新版本的操作系统要三到五年；进入苹果时代，一版新的 IOS 需要一年时间；Android 时代，一个季度发一个新版；在 MIUI 系统研发中，小米大胆采取"开发版每周升级，稳定版每月升级"的方式，对用户的反馈以最快的速度作出回应，这就是一个典型的案例。

在小米生态链的发展中也充分体现了"快"的特点。在不到四年的时间里，小米累计对外投资达到了 199 笔，集中于智能硬件（46 笔）、文化娱乐（32 笔）和游戏服务（21 笔）等领域，全面布局了 IoT。

小米在投资上的思路是，当公司流水做到几十亿元，成为某一产品领域的绝对领导者时，很多问题都会迎刃而解。这就是所谓的"在资金链断掉之前跑到平流层上"，让公司发展到中等规模，处于相对稳定的状态。

六、抓住核心人才这个"理想黑体"

量子力学中的"黑体辐射"理论是说，"理想黑体"可以吸收所有照射到它表面的电磁辐射，毫无反射与透射，却可以再将所有这些辐射转化为最大量的热辐射。比如，射向太阳的辐射几乎会全部被吸收而很难反射回来，之后太阳再释放出最大量的热辐射，所以太阳可以看作是一个黑体。

从"黑体辐射"理论出发，创办一家成功的企业、开发一个成功的产品，也需要能吸收所有外界资源，再将它们转化成创意、产品、商业模式的理想黑体。在科技型企业中，这样的理想黑体可能是乔布斯、马斯克这样的创始人或核心领导人，而对于小米来说，就是以雷军为主导的创业团队。[1]

---

[1] 参见滕泰著：《软价值：量子时代的财富创造新范式》，中信出版集团 2017 年版，第 97 页。

雷军认为，创业要用最好的人，在核心人才上面，一定要不惜血本去找。在创始阶段，雷军曾每天花百分之七八十的时间去找人，有很多都是一聊就近 10 小时。据说小米手机硬件结构工程负责人第一次面试是在雷军办公室，经过将近 12 个小时的长谈，他终于答应加盟小米。过后他自己半开玩笑地说："赶紧答应下来，不是那时多激动，而是体力不支了。"

高度重视人才，让雷军在不同的领域找到了来自金山、谷歌、微软、摩托罗拉等企业的"理想黑体"，在成立一年多的时间里便打造出爆款产品小米一代。

如果研究这些年涌现出的创新企业和案例，不仅是小米，还有滴滴出行、摩拜单车、"得到"APP、"抖音"小视频等等，都在不同程度上实践着"先有公众价值，后有盈利模式"、"消费者也是价值创造者"、"通过弯曲的路径实现价值"等新的价值创造和实现模式。

这些企业的共同特征就是不再来自传统的加工制造业，不再依靠加工、装配来创造价值，而是在知识产业、文化娱乐产业、信息产业等领域，通过人的创造性思维，引发消费者的群体认知来创造软价值——这样的企业，就是软企业。中国经济转型升级需要更多小米这样的软企业，来和消费者一道，创造更多的软价值。

第五节　站在新一轮产业革命的新起点
——以中美竞争背景下的信息产业发展为例

当前，新一轮产业革命正在兴起，这次中国所面临的形势与以往有所不同，一方面在部分领域中国从跟随者变成了并跑者；另一方面，美国已经将中国作为高科技产业领域的对手加以限制和打压。在中美竞争的背景下，站在新一轮产业革命的新起点的中国经济，应当如何应对？

一、站在新一轮产业革命的起点的中美信息产业竞争

回顾历史，人类的进步是由一次次的技术革命和产业革命推动的。远古人类掌握了动植物的繁育技术，就可以从食不果腹的采集狩猎时代，进入可以温饱的农业时代；近代人类掌握了采掘和加工地球资源的技术，就可以从靠天吃饭的农业时代，进入物质产品高度发展的工业时代；就在不久之前，互联网使得人们的财富创造和生活消费模式发生了天翻地覆的变化，当前，我们又站在了新一轮产业革命的新起点上：以5G为代表的移动通信技术仍将是新一轮产业革命的主要引领产业，带动生物技术、新材料技术、新能源技术等技术群不断渗透、融合，孕育出难以预测的新技术、新产品、新模式和新产业。

不论是信息技术、信息产业，还是生物技术、新材料、新能源技术及其相关产业，都是由人类的创造性思维活动创造软价值的软产业，相关物质产品的生产，也属于软性制造的范畴。例如，信息产业中，软件行业属于软产业，而芯片、网络设备、光刻机、手机终端等则是创造性思维含量极高的软性制造。无论是中国还是美国，在新一轮产业革命的推动下，软产业在经济

中的占比都将上升到一个新的水平。

在美国经济中，1970 年软产业占比是 61.2%，1980 年是 63.6%，1990 年是 70.1%，2000 年是 75.4%，2010 年达到 78.8%，近年来一直是 80% 左右。未来，软硬产业的"八二定律"将成为全球发达经济的新趋势，即在后工业社会，软产业将占 GDP 的 80%，硬产业只占 20%。

而中国在 20 世纪 90 年代中期，软产业占比还只有 1/3 左右，这就是美国以软产业为主，而中国以硬产业为主的"互补"格局的基础。2000 年中国加入 WTO 以后，中国硬产品对美出口加快，由此产生的货物贸易顺差成为两国经贸领域的持续热点话题。从 2012 年至今，虽然经济增速放缓，但中国软产业占比却快速提升。从申请专利数量这一指标来看，根据世界知识产权组织（WIPO）公布的 2017 年全球企业等申请注册国际专利的统计数据，美国仍居首位，但中国已超过日本升至第二位，其中华为技术与中兴通讯分别占据第一、第二。在传统由思科、爱立信、诺基亚等欧美厂商占据主要份额的网络设备市场上，中国企业后来居上，有统计数据显示，华为已经占据首位，中兴通讯也挤进前四名。

中国在以信息产业为代表的软产业领域的迅猛发展，不可避免地将会与美国的软产业展开竞争，就像中国自主发展的北斗导航系统正在逐步进入商用，将在中国甚至亚洲市场上和美国的 GPS 系统展开竞争，这是经济发展的必然规律。但科技和产业竞争并非零和博弈，在双方你追我赶、互超互鉴的过程中，对双方的技术供给和相关产业发展都将带来巨大的机会，对世界经济也会产生正面的溢出效应。美国在全球占据人才高地，技术等软资源存量世界领先，科技发展和企业创业的软环境也有其独到优势，本应具备与中国在相关领域正当竞争、一较短长的充分信心，然而从现实的政策来看，美国却选择了非市场打压手段来遏制中国。

从中国的角度来看，传统制造业已经进入供给老化或者供给成熟阶段，创造需求的能力大幅下降，形成的过剩产能占用了大量的人力、土地、资金等要素，导致经济增速进入了长达十年的下行周期。从世界各发达经济体的发展历史来看，能够接续传统制造业成为经济发展新动力的，只能是以软性制造业和知识产业、文化娱乐产业、信息传媒产业、金融产业以及高端服务业等为主体的软产业，以信息产业为代表的高科技产业是其重要组成部分。也就是说，发展信息产业，发展高科技产业，发展软性制造和软产业，是中国经济实现新旧动能转换和高质量发展的必然选择。

二、放松技术供给抑制，加大技术驱动力

尽管中国信息产业已经具备了比较强的自主研发能力，但是不可否认，外源性的技术供给仍然是中国信息产业技术转移的主要来源之一。据统计，2016年，中国自美国技术进口合同1189份，合同金额96.38亿美元；2017年，我国各类留学回国人员总数达48.09万，再创历史新高。同时，也有很多技术通过仿制＋改进等方式实现了转移，这也是各工业国发展过程中的通行做法。

如果美国全面实施针对中国的技术转移遏制措施，将使得中国的外源性技术供给受到抑制，在一定程度上减少中国的高科技产业产出，并延缓高科技产业的升级速度，这对于技术迭代速度较快的通信产业来说，影响将会更加显著。

不仅信息产业，当前中国在大飞机、航空发动机、新材料、生物医药等产业都在全面发力，努力向科技树的高端攀登，如果美国对技术转移实施更加严密的限制，外源性技术供给减少将是普遍现象。

新供给主义经济学认为，技术与创新是财富的五大源泉之一，[①]当因为某种原因造成技术与创新要素的供给受到抑制，使得要素供给数量降低，也会造成经济的长期增长潜力降低。相反，如果我们能够解除技术与创新要素受到的抑制，使得要素供给数量上升，也会使经济的长期增长潜力出现相应的上升。

---

① 其他财富源泉是人口与劳动、土地与资源、金融与资本、制度与管理。见《新供给主义经济学》，东方出版社2017年版，第68页。

因此，站在新一轮产业革命的新起点，同时面临着来自美国的竞争甚至限制，中国亟须在技术和创新领域放松供给抑制，加大技术驱动力。

放松技术和创新要素的供给抑制，最重要是改革科研管理体制，破除束缚科研机构和科研人员的体制机制，用符合软价值创造和实现规律的政策与办法来管理科技研发和创新，让科研人员的创造性充分发挥，充分涌流，让他们的创造性劳动不仅为社会创造价值，也能够为自身实现价值。

从发展传统制造业的经验来看，后发国家运用产业政策，取得了一定的成效，能否通过制定产业政策的办法，来增加技术和创新要素的供给呢？实践证明，在后发、看得见、摸得着、能预测的传统制造业，在军工、核电、特高压等特定领域，政策可以发挥一定的作用。在旧产业退出时，政府在失业保障和转岗培训方面也可以发挥一定的积极作用，但是不能去直接通过行政手段干预市场，干预企业的行为。

但是在看不见、摸不着、不可预见的软性制造业和知识产业、信息传媒、文化娱乐、新金融、高端服务业等新经济、软产业领域，政府这只"看得见的手"则避免产业政策对市场的过度干扰，着力通过大众创业、万众创新等培育新供给新动能，推动新旧动能转换；通过"简政放权、放管结合、优化服务"，放松行政性供给约束；通过减税降费、激发微观主体活力，打造良好的政策环境、法制环境，提升营商便利度，推动供给升级，开启上升周期。

比如，加大新技术相关的基础研究投入，推动孵化新技术、新产品、新业态、新模式。政府资金在量子物理、材料科学、生物化学等基础研究方面的投入，可能刺激应用层面的技术创新。同时，虽然政府的产业政策很难预见到5G之后的新型商业业态到底有哪些，但是支持5G等新一代技术革命的基础设施投资，总体上对新经济的发展是有利的。

又比如，通过大众创业、万众创新等培育新供给新动能。新产品、新技术、新模式或新业态的产生本身是一个不断试错的过程，很难一次就成功，所以需要给予创新一定的政策容忍度，激发微观主体的创新活力。

三、中国信息产业的结构升级之道

（一）短期来看，应当提高技术转化的效率

提高现有技术科研成果向实际应用的转化效率，是短期来看增强技术驱动力的最有效手段。当前中国科技成果转化率较低，重要的一个原因在于很多科研成果实际上没有"转化价值"——由于高校的非经济属性使得高校的科研成果更多是基于理论逻辑，对于市场需求的敏感性相对较弱，使得科研成果与经济实际脱节，可应用性和成熟度降低。所以，提高技术创新转化率首先要打破高校研究与产业经营的壁垒，建立双向交流机制，实现创新协同发展和产学结合，提高学术成果和企业实践的转化率。比如，通过企业与高校或科研院所共同建设实验室、课题、技术开发中心等，提高学术研究的针对性和实用性，更好地服务于产业发展，推动技术创新。

其次，健全科研机构科技与创新成果转化的激励机制。不再将科研成果的数量作为评价标准，更多地向质量和操作性方面进行评价，鼓励研究人员参与自主创业，推动成果转化。比如从成果导向性评价向成果转化度评价延伸，不仅注重科研成果的技术价值，同时考虑科研成果的商业价值和公共价值。此外，还应该建立市场导向的科研机制，增加研究项目设立的多方参与度，建立科研机构、行业协会、企业单位等多方参与的产业与科研融合的机制。

（二）中期来看，营造良好环境，提高科技与创新成果供给量

完善创新环境，首先要注重知识产权的保护，提高创新的回报，进而促进经济增长。同时，也要把产权保护与产业结构转型、人力资本积累与创新性国家建设等方面结合起来共同推进。目前中国已经出台了《物权法》，然而面向软财富时代，如何进一步重视和保护各种软权利，建立细分产权市场，发展自己的创新技术，激发中国人的创新和创造能力，也是中国科学技术发展战略的重要组成部分。

在学术研究方面，也要创造良好的学术环境和保障机制，引导高水平技

术成果的产出。其中，人力资本是研究成果的基础和核心。在人才引进和流动方面，建立长期的海外人才和留学人员回国就业的鼓励机制，如提供合理的工作和生活保障。同时优化人才的流动机制，发挥市场在人力资源配置中的决定性作用。

在专利资助政策方面，要兼顾公平性和效率性，一方面合理确定资助对象，在大中型科研单位和小微型企业或研究机构中合理分配资助名额；另一方面，强化专利质量和专利转化率的管理，避免片面强调数量的单一管理模式，建立统筹协调、精细化、质量化的专利资助政策，避免重复资助、低质量资助和资助"真空"。

（三）长期来看，以创新导向，推进教育、科研体制改革

教育是推动技术创新、供给升级的基础。教育体制和教育水平往往对于一个国家创新型人才的数量和质量产生决定性的影响，进而影响一个国家的可持续发展能力。中国不仅要面对新一轮产业革命的挑战，更要在未来的长远发展中不断提升创新能力，因此必须高度重视教育。华为创始人任正非就指出，未来二三十年，人类的社会将有翻天覆地的变化，最大的进步来源于教育和科学的进步。"这个时代对一个国家来说，重心是要发展教育，而且主要是基础教育，特别是农村的基础教育。没有良好的基础教育，就难有有作为的基础研究。"

中国目前的教育科研体制还不能完全适应未来产业革命的需要，必须从以下两个方面入手提升：

首先，几千年的"科举文化"和几十年的高考制度，使整个小学、初中、高中都沦为"应试教育"，推动中国教育供给侧改革首要的问题绝不仅仅是增加投入，而应改变教育理念和教育方式。应以培育创新型人才为导向，要构建多元化的高等教育与职业教育体系；应扩大知识产业、信息产业、文化产业、金融产业、其他服务业等新经济领域的专业招生规模，适应新供给、新消费、新经济的需要；还应有序放开教育市场，鼓励民间资本有序进入教育

市场，学习引进海外先进办学经验。

其次，要调整基础理论研究和应用研究的导向，集中资源保障较少数人从事真正的基础理论研究，推动大多数科研人员进入真正的应用技术研发。基础理论研究对科技创新的作用已经被越来越多的人认识到，例如在信息产业，华为就高度重视数学研究的基础性作用，先后在数学研究基础深厚的俄罗斯和法国设立专门的数学研究所，并且用更加宽松的管理方式对待不确定性更高的基础理论研究。任正非指出，"对基础研究我们不要求都成功。对科学研究，要大胆地失败，成功太快是保守，要轻装上阵才能激发想象力。失败了就涨工资，成功了就涨级"。

目前中国有大量人力被用于事实上追求论文数量的所谓基础理论研究，同时从事应用研究的科研人员又与现实产业需求高度脱节，因此在科研体制方面，通过深化科研机构和科研体制的"去行政化"和市场化改革，也是解除技术创新抑制的重要方面。

中国有着世界上最勤奋的教育科研工作者、最大的受教育人口，以及完整的产业体系和广阔的消费市场。在中美竞争的大背景下，面对新一轮产业革命，中国的高校、科研机构和企业有良好的基础，如果能够大力改革科研投入体制、分配体制和管理体制，解除科技和创新要素的供给抑制，让科研人员的创造力充分涌流，就有可能走在供给结构升级的前列。

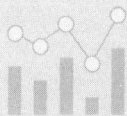

第四章

只有推进真改革，才能再造新红利

下一个四十年，哪些改革才是"刀刃向内"的真改革，哪些措施才是解放生产力、再造新红利的改革之道呢？是行政化去产能或去库存这样的供给侧管理措施，还是深化产权制度和市场化体制改革，挖掘供给潜力？如何评估减税降费的力度和实际效果？如何推进收入分配制度改革以扩大中等收入群体？如何深化金融改革以降低融资成本？如何进行医疗体制等民生领域的供给侧结构性改革？

第一节　不能用供给侧管理代替供给侧改革

2015 年，中央提出供给侧结构性改革，抓住了当前阶段中国经济的主要矛盾，毫无疑问是正确的战略决策。然而在执行过程中，部分地方政府和管理部门却出现了片面和选择性落实的问题：对那些真正触及生产关系层面，刀刃向内改自己的改革要求视而不见，只热衷于那些刀刃向外干预市场和企业的措施，正在逐渐背离供给侧结构性改革的初衷。以一度执行偏差最严重的"去产能"为例：**"去产能"的初心是去"僵尸企业"，"去产能"的本质是结构性的供给管理而非改革措施；"去产能"层层加码乃至扩大化的结果是扭曲市场信号、造成不合理的利益再分配、转移改革视线并最终干扰供给侧结构性改革的全面深入推进。**因此，有必要发起改革之辩，探讨究竟什么才是衡量供给侧改革成效的根本标准。

一、"去产能"扩大化及其影响

2016 年以来，中国部分能源、原材料价格持续大幅上涨，焦炭、焦煤、螺纹钢、铁矿石价格一度都曾出现翻倍甚至两倍的上涨。在总需求基本稳定的背景下，真正引发上述能源原材料涨价的，并不是什么新周期，而是"去产能"政策扩大化造成的供给收缩，以及以此为基础的投机炒作。在不断强化的"去产能"供给收缩预期下，这些所谓"过剩"产能行业的产品，居然像几十年前供应短缺时代的产品一样成倍暴涨，不但严重扭曲了市场机制和价格信号，影响经济的复苏，而且还无形中造成了**三个财富再分配：第一个财富再分配，是下游制造业和上游能源原材料企业之间的财富再分配。**例如，2017 年上半年，采矿业实现利润总额同比增长 13.4 倍，制造业实现利润总额仅增长 18.5%；**第二个财富再分配，是中小民营企业和国有大型企业之间的财富再分配**。例如，2017 年上半年，规模以上工业企业中，国有控股企业实现利润总额同比增长 45.8%，私营企业实现利润总额仅增长 14.8%；**第三个财富再分配，是进口成本上升，造成国民财富向外流失**。2017 年上半年，中国共退出煤炭产能 1.11 亿吨，同时进口煤炭 1.31 亿吨，同比增加 2300 万吨。国内去产能的同时，国外厂商扩产并加大向中国市场出口，如印尼、澳大利亚等产煤国、产矿国对华出口明显增加，出口价格大幅提高，也造成了中国国内财富的流失。对那些上述财富再分配中获益的企业而言，从天而降的"大馅饼"对于提高企业的长期竞争力也未必是好事，反而会削弱改革的动力，为下一轮问题埋下伏笔。而每一次去产能扩大化，都造成一轮大宗商品和相关资产的价格暴涨；每一轮暴涨和获利者的狂欢，在扭曲市场、抬高制造业成本的同时，更是迅速滋生聚集了巨大的利益链条和相关领域的寻租机会——这些现象对供给侧改革的影响和伤害不容忽视。

二、"去产能"扩大化的本质——刀刃向外、层层加码的供给管理措施

"去产能"这样的供给侧管理政策如果不偏离其初衷，还是有一定的积极意义的。例如，"僵尸企业"往往依赖银行贷款，甚至是政府补贴生存，其生产的产品靠市场力量消化不掉，却还在不停消耗社会资源。2015 年提出的"去产能"措施，最初是针对如何去过剩产能，让这些"僵尸企业"退出市场，从而释放其占用的生产要素，让市场在资源配置中发挥决定性作用，这对提高经济活力是有好处的。但是，从理论和实践的角度，"供给侧管理"一不小心就容易与计划思维、行政手段相联系。不少地方政府和管理部门过度依赖行政手段"去产能"，通过做计划、定指标、下文件等强迫命令的办法"去产能"，或者通过层层加码的各项非经济标准和手段推进"去产能"，造成了"去产能"扩大化。大量合法合规、环保达标的工厂也被勒令停产，连养猪场都被关闭，养的鸡鸭也被抓了——如果让群众认为这就是"供给侧改革"，显然与"供给侧改革"的初衷越来越远。事实上，无论是什么侧、什么性的改革，

只要不是针对经济体制自身的改革，不是改革生产关系中不适应生产力发展的部分，不改革政府管理经济的方式并让市场发挥决定性作用，都不是真正的改革。从经济政策本质上来说，"去产能"政策只不过是一种供给侧管理措施，属于结构调整或"计划调控"范畴。供给侧或需求侧的调控措施，对保障经济平稳运行虽然也有一定必要性，但无论供给侧还是需求侧的"调控"，都不属于"改革"范畴。如果把"去产能"，甚至扩大化的"去产能"这样的供给侧管理当作供给侧改革，而不触及经济体制和生产关系层面的问题，一方面会造成严重的市场扭曲和利益再分配，另一方面，也转移了改革的重点，还引起了各界对改革的疑虑，让市场和学界误认为，所谓供给侧改革实际上就是政府伸手干预企业，或像某知名学者所说，"我们是不是遇上了一个假的供给侧改革"？

三、衡量供给侧改革成效的根本标准——解放和发展生产力

"供给侧结构性改革"抓住了中国经济"供给结构老化"的主要矛盾，毫无疑问是正确的战略性选择，那么究竟什么才是衡量供给侧改革成效的根本标准呢？试想，十年、二十年以后回头看，后人一定会对今天的供给侧结构性改革成效作出评价，届时评价的标准是去掉了多少煤炭、钢铁、水泥的产能，铁矿石、焦煤、焦炭的价格上涨了多少，还是通过放松行政性供给约束、解除要素供给抑制，在多大程度上解放和发展了生产力？对此，习近平总书记曾经指出，**"供给侧结构性改革，重点是解放和发展社会生产力，用改革的办法推进结构调整"**。就像中央经济工作会议指出的，"我国经济运行主要矛盾仍然是供给侧结构性的，**必须坚持以供给侧结构性改革为主线不动摇，更多采取改革的办法，更多运用市场化、法治化手段**"。

显然，改革是针对束缚生产力的经济体制展开的，要改政府自身管理经济的方式。只有对生产关系的调整、改革，才是真正的改革，只有那些让市场在资源配置中起决定性作用，从供给侧解放和发展生产力的举措，才是真正的供给侧结构性改革措施。因此，在多大程度上解放和发展了生产力，才

是衡量供给侧改革成效的根本标准。习近平总书记曾指出，"全面深化改革，首先要刀刃向内、敢于自我革命，重点要破字当头、迎难而上，根本要激发动力、让人民群众不断有获得感"。只有正确认识了供给侧结构性改革的原理和出发点，明确了衡量供给侧改革成效的标准，才不会把供给侧管理等调控手段当改革，衡量供给侧改革成效的根本标准是解放和发展生产力！

第二节 深化制度改革，发掘供给潜力

一、制度改革是经济增长的条件

财富的终极源泉是劳动、资源、资本、技术、管理五大要素，然而这些要素只有在一定制度背景下才能变成财富。不同制度背景下，资源、劳动、技术、资本、管理等要素的财富创造效率截然不同，制度改革是经济增长的条件。

中国20世纪80年代的经济增长主要就是因为生产组织方式和社会分工变化带来"斯密—诺斯增长"。以农业联产承包责任制为例，在短期内其实中国农业的土地、人口、技术都没变，就是生产组织方式的变化、社会分工的变化造成了粮食产量的大幅提升。中国20世纪80年代的承包制、租赁制、股份制改革探索，以及全国统一产品市场的形成，它改变的既是微观的企业组织模式，也是宏观的社会分工。

产权制度能够影响到地球资源环境的投入和利用，教育科研文化体制能够影响科技发展与财富形态结构，社会生产组织方式决定了人口和劳动投入的效率。制度决定了一个国家宏观的社会分工效率和微观的企业生产效率，而社会分工和管理效率的提高自然带来财富的增长。

中国增长条件上享受了两大红利：一是制度改革红利，另一个是市场化红利。市场化方面，从80年代的双轨制、生活资料和生产资料的价格放开，到建立统一的产品市场，建立劳动力市场、资本市场、土地市场等要素市场，再到加入WTO等，中国已经深度卷入国际分工。

二、如何形成富有财富活力的制度供给

一方面，要建立稳定的社会契约。上帝把世界交给人类共享，却没有告

诉人类应该如何共享这个世界。因此在不同的历史阶段，自然所有权、暴力强权均衡和社会契约分别成为社会所有权结构形成的主要力量。

早期的人类财产所有权多为自然财产权，即首先发现、占有、使用的人拥有对本身的所有权。自然财产权形成的基本背景是财富对象并不稀缺，一旦果实、猎物、土地、牧场逐渐变得稀缺，自然财产权就受到暴力和强权的挑战。当人类斗争主导的暴力和强权分配逐渐形成动态均势，市场交易、财产继承、国家分配等，才逐渐成为主流的财产权转移方式，社会契约论才成为主流的产权解释。也就是说，社会契约论也只是在暴力强权均衡的前提下才是有效的。如果某一个历史阶段供给结构的发展背离了暴力强权的均衡，就会酝酿越来越多的不稳定因素，自然就会有新的价值观、新的契约修订要求产生。而一旦契约价值观变更、契约变更，也就意味着财产的变更和重新分配。

显然，**自然财产权只是人类早期的所有权结构的基础。如今主导社会所有权供给结构的基本准则是"社会契约"。**而"社会契约"能够保持稳定，背后的逻辑是暴力强权的基本均衡。无论是宏观的还是微观的，公有的还是私有的，天赋的还是劳动创造的财产权——如果不能维持背后暴力均衡的存在法则，最终都必须被改变。社会契约和产权改革的主要作用，就在于在暴力和强权均衡被打破之前，以和平的、渐进的、市场化的方式完成产权变更，使得社会契约和产权制度始终向着激发供给活力，提高供给效率的方向发展，维持新的平衡。

另一方面，要推进市场化的渐进式改革。不同的财产权结构，有的指向平等，有的指向增长。有意思的是，所有"均贫富"的产权制度或早或晚都被有利于激发供给活力的产权制度替代；而那些有利于单方向增长的产权制度，由于不断制造更大的不平等，所以最终也必然走向毁灭。只有在增长和平等中寻求均衡的产权制度和再分配机制，才能保持长期的稳定。

然而，历史上无数次产权改革，失败的多，成功的少。有的产权制度不利于财富创造，但是既得利益者仍然会维护这种制度；有的产权制度有利于财富增长，却扩大了贫富差距，于是为了满足穷人的要求，又不得不作出一定改变而损失效率。一次次产权改革的尝试，至少会造成一个国家对原有产权的不尊重，反而会造成产权的模糊——产权的模糊和不明晰，是最不利于财富增长的状况。

假定产权交易费用为零，无论初始产权状态如何，谈判和产权交易总能使最终产权格局达到最优。假如一个房间里有两个人，甲想吸烟而乙讨厌香烟气味，谈判总能使双方都满意。如果房间属甲所有，那么乙可以支付一定费用请甲放弃吸烟，费用的大小视甲吸烟欲望强烈程度、乙讨厌香烟程度及双方谈判能力而定，结果是双方效用最大化。如果房间属乙所有，甲也可以支付一定费用而获得吸烟的权利。可见，只要法律允许产权交易，不论初始状态如何，市场行为总能实现各方效用最大化，初始产权只影响交易费用大小。然而，如果产权不明确，问题就永远无法解决。所以法律的功能首先是明确产权关系，然后才可以考虑如何重新划分产权（如果不可避免），以及减少交易费用。

用制度经济学家科斯的理论可以这样表述：如果法律已经明确规定了产权所属，它就应该尊重这种产权归属，不能再重新划分产权以减少交易费用；如果法律致力于确定理想的产权关系以减少交易费用，甚至直接通过法律建立最理想的产权关系而使产权交易费用为零，那么在这种理想的产权关系建立之前和建立过程中，产权必然是不明确的。这正是科斯定理告诉我们的最坏的情况。

总之，市场化产权改革被证明是有利于激发供给活力，促进经济增长的。政府应该致力于建立和保护明确的产权关系，而把产权关系的成熟和优化过程借助于市场运作来完成。

三、中国供给侧改革的制度潜力

一般而言，占有财富的人可以获得更多的资源和财富，不占有财富的人则变得相对贫困。因此任何私有财产制度如果自然发展下去都会造成贫富差距的一步步扩大，社会不平等现象加剧。极大的社会贫富差距，尤其是少数人的奢侈品消耗挤占财富创造者的基本需求时，整个社会财富的增长必然放缓。

为了避免因为社会贫富差距过大造成的社会整体财富增长放缓和随之而来的社会矛盾，苏联和原东欧很多社会主义国家曾经尝试通过生产资料的平等占有或国家占有来解决。然而这些国家的产权历史证明，把生产资料给穷人，其结果反而延缓了人类财富的增加；完全的国家财产所有权往往没有足够的激励机制来保证财富增长的效率。苏联小说《钢铁是怎样炼成的》描述了共产主义战士保尔·柯察金无私奉献的一生。中国也有雷锋同志"毫不利己、专门利人"故事。这些靠理想主义激励的典型人物的事迹，虽然有一定的感召力，但却难以成为整个社会持久的一致行动，更不能成为财富创造的长期激励因素。不仅如此，完全的国家所有制还容易滋生腐败、官僚主义、消极怠工、低效率、吃里爬外等现象。

如果公共财富存在的本质意义是为居民创造福利，那么从终极消费的意义上讲，社会财富应该更多地向私人倾斜。从财富创造的效率而言，私人部门投资除了在形成规模经济上输于公共资源配置之外，大部分情况下私人企业运作的效率会高于公共企业。因此当政府公共财富扩张到一定程度的时候，尤其是居民的消费和私人的投资都被挤占的时候，国家财富增长必然会降低到一个极低的水平。

要进一步提高供给效率，从微观上需要释放企业的创造力，必须进一步推进以股份制为主体的混合所有制改革。衡量混合所有制改革是否成功的标志是人的积极性是否被提高了。如果在实践上没有像20世纪80年代的改革一样，充分调动人的积极性，甚至让国有企业干部、员工的积极性还降低了，那改革的效果就应重新评估。

目前中国已经出台了《物权法》，然而面向新经济时代，进一步重视和保护各种软权利，培育细分的产权市场、促进细分的产权交易，仍然可以极大地提高财富创造的效率。而如何进一步促进产权保护，建立细分产权市场，发展自己的创新技术，激发中国人的创新和创造能力，也是中国科学技术发展战略的重要组成部分。

对于中国而言，新修订的宪法已经明确保护私人财产权。事实上，无论公有产权还是私有产权都必须强调其不可侵犯性，一定要加大对贪污受贿、侵犯国有财产的惩处力度，这样才能保护、推动尊重产权的文化，促进财富增长效率。在推进混合所有制改革过程中，一方面要有明确的国有产权评估办法和科学的评估体系，另一方面凡涉及国有股权内部转让的必须引入外部市场化竞争才能确保公平。对于那些既无科学评估，又没有引入外部市场化竞争者的国企，可以把混改的突破点放在"增量"方面。

同时，还需要通过优化组织方式，激发市场活力。从本质意义上讲，任何企业事实上都是一个"中央计划经济"。如果完全否认计划的效率，那么就是否认现代企业的存在意义。但越是大型的企业，其内部计划决策就越难。尤其是那些跨国企业巨头，其年产值比非洲一些小国家的 GDP 还要大。为了保证战略和计划的正确，这些大型跨国公司在保留整体战略和计划的同时，不得不适当借助于市场化的手段，来协助集团内部各生产单位之间的结算。

显然，市场和计划孰优孰劣并不是绝对的，关键是哪种手段更能够促进分工和资源配置的效率。计划经济如果脱离了市场和价格的参照，社会分工就失去方向，并扭曲资源配置；而市场经济如果脱离了计划的约束，就会盲目性追随价格信号，不停地在"过剩"和"不足"之间颠簸、摇摆，造成极大的资源和财富浪费。

较少的政府干预虽然有利于大部分产业的资源配置效率，但是对于一些需要政府支持或者政府统一标准的行业成长却是不利的。比如英国铁路上的煤炭列车一直保持着无效规模，直到第二次世界大战进行国有化才解决了这个问题。[1] 但如果过度政府干预，如过度重视重工业的发展，忽视居民生活相关的轻工业的发展，会导致经济结构失调。同时，国有出资人的虚化也影

[1] 查尔斯·P.金德尔伯格：《世界经济霸权 1500—1999》，高祖贵译，商务印书馆，第230页。

响了微观企业层面的生产效率。尽管从理论上，计划经济仍然不失为一种理想的社会财富生产模式。但是在实践上，人们不得不承认，政府计划有时候是失灵的（Government failure）。

对于中国而言，最有效的社会生产组织方式既不是单纯的市场，也不是单纯的计划手段，而是二者的有效结合。为了明确国有资产考核机制，对于国有企业使用的土地和资源，也应该征收土地使用税和资源税。除了基础设施、公共服务、国民经济命脉等领域之外，对于一些非国民经济命脉的竞争性和服务性行业则没必要保持太多的公共财富，而是鼓励以股份制为主要形式的混合所有制结构。至于制度演进过程中的行政角色，理论上显然是行政干预越少越好、市场化演进越多越好、方式越温和越好。所有制度改革，都必须在保持政治稳定的前提下进行，并且应该尽量采用市场化的方式。

为了维持制度改革中的利益均衡，必要的情况下不排除市场主体对即将退出的行政权力或原有利益集团进行赎买。比如，在 2006 年的中国资本市场"股权分置"改革过程中，那些原本没有流通权的大股东，通过向流通股东按一定比例送股、支付"对价"，获得了流通的权利，结果非流通股和流通股的财富都得到了增加。

制度改革和劳动、土地、资本、技术一样，是财富创造的源泉。正因为如此，我们才看到中国 20 世纪 80 年代的经济体制改革所带来的巨大增长动力。从农村人民公社到联产承包责任制的改革，在人口、土地资源和生产技术没有太大变化的情况下迅速提高了粮食产量。目前，中国经济体制改革的空间还很大，李克强总理也指出，每一个制度改进的地方都孕育很大的潜力。搞好混合所有制改革，提高单位资源、资本、劳动的产出效率，从产权、组织形式等多方面不断深化制度改革，释放供给活力，中国仍然有巨大的增长潜力！

第三节　加快产权改革，释放制度红利

在人口红利、土地红利、高储蓄红利都递减的背景下，深化市场化改革，释放新制度红利，是下一个四十年的可持续增长的重要条件。尽快深化产权制度改革必须找到突破既得利益集团阻挠的方法，破除保守思想和旧价值观的束缚，理清政府和市场的角色，建立多元的市场化交易制度。

一、改革如何突破既得利益者的障碍

任何制度一旦形成就会对经济和财富创造产生影响，而且先前的选择会影响后面的选择，旧的制度安排很可能会成为新制度的推行成本，已有的技术沉淀会影响新技术的开发，既有的利益安排也会影响新的利益格局的出现。

曾经在农业社会作为先进生产力代表的大地主和官僚，自然会反对"王安石变法""戊戌变法"；曾经在计划经济体制下为建成中国现代工业体系立功并受益的传统官僚，以及各级单位的大小领导也一度是20世纪80年代中国推行市场经济的阻挠者；而最近几年迅速扩张的国有资产部门领导，在基础设施投资中付出了心血的地方官员，以及辛苦工作在学校、医院等各垄断部门的受益者，既是前一时期的有功之士，也是现在那些低效率运行的部门的既得利益者和未来潜在的改革阻挠者。

当然，一种体制如果持续对于要素生产力、人类财富创造能力产生严重的抑制，它最终必然被突破，而且这种突破和制度变革常常会引发财富的爆炸效应。比如，20世纪70年代末的"农业联产承包责任制"改革，就导致同样耕地面积和技术条件下的农业产量迅速增加，粮食产量飞速增长，在短

短十几年的时间内把困扰中国数百年的温饱问题基本解决了。

然而，在任何一次新的制度突破之前，一定会遇到利益集团的阻挠，因为他们是长期稳定不变的制度下的必然产物。改革的顺利推进，首先要让既得利益集团为了共同的长期利益妥协并支持改革，因为如果改革成功，他们也将最终受益。

20世纪80年代的改革曾经让很多习惯于计划体制的官员不适应——或者权威受损，或者短期利益受损，但是由于改革的成果是中国经济的繁荣稳定发展，几乎所有从计划经济体制下走到市场经济的官员、老厂长、村支部书记等曾经的保守派都成为改革的受益者；相反，改革起步较晚的苏联和原东欧社会主义国家，则因为后来的革命而使所有保守派成为体制的牺牲者。再比如，清末的保守派，虽然他们短期成功地阻挠了改革派，但是之后清朝的灭亡却让他们付出了更惨重的代价。

总之，只要是正确的改革，最终一定会促进整个社会福利的增加。因此即使短期既得利益集团相对受损，长期来看也会最终受益。尽管如此，由于并不是所有的既得利益集团都会从社会总体福利增加或长期的财富增长出发来考虑问题，在这种背景下，就有必要对既得利益集团作出适当的利益补偿安排。

事实上在任何一次改革中，利益受损者的感受都要比改革受益者的心理感受更加深刻。从心理学上讲，在一个房间打麻将的人，赢了100元钱的人所得到的心理愉悦，一般抵不上输掉100元那个人的心理沮丧程度。同样的道理，假定短期的改革是零和博弈，那么在制度变化中受损的一方的心理感受，要大于在改革中受益一方的心理感受。这就是为什么有些改革启动时，受损者会激烈反抗，而很多受益者却默不作声，结果改革的主导者就会面临着更多反对的压力，并最终造成改革失败。

除了平衡改革受益者和受损者之间的利益，并对受损者作出适当安排之外，成功的改革还应在当前适当预支未来潜在的改革利益，并适当借助于内部的潜在危机、有识之士的舆论引导、领导者的权威，甚至外部的力量。

二、改革必须突破保守思想和旧价值观

除了既得利益集团，制度改革通常还会受到各种保守思想约束和旧价值观的阻挠和影响。

通常这些保守思想和旧价值观是几十年、几百年来在旧环境中形成的，有时改革遭到阻挠不仅是因为既得利益集团要维护其利益，还因为受保守思想和旧价值观的影响。一旦这些思想深入到人们的灵魂，触动它们反而比触动利益更难！

漫长的农业时代所形成的地主小农经济文化、重农抑商的思想有利于农业生态财富的增长。但是随着社会分工的进一步发展，商业、工业时代来临之后，重农主义相关制度及文化思想就成为商业和工业发展的主要障碍。虽然欧洲的"重农抑商"思想没有古老的中国那样严重，但是直到中世纪后期，欧洲的封建主们也常常敌视城市的商人，"罗马教皇对高利贷的看法，对赢利的中间人和放债人的厌恶，在许多方面与孔子学说发生了共鸣"。然而，从制度上，只有中国的集权政府能够通过设立税收关卡、建立户籍制度等方法抑制工商业的发展；只有莫卧儿帝国的税收官有权力对工商业主进行全面掠夺；欧洲不存在抑制贸易发展的统一政权，也没有能够决定产业兴衰的强大中央政府——这才为商业革命、工业革命首先在欧洲取得突破留下了一条活路。

四十年前开始的改革开放曾为我们提供了一个成功的范本。在"动力足、阻力小、领导有权威"等有利条件下，当时的领导者所需要面对的改革阻力都来自于意识形态和人们思想领域的困扰。以邓小平为代表的领导层通过"让一部分人先富起来""不争论""摸着石头过河"等智慧，避开了与意识形态领域的保守思想的争论，带领中国取得了举世瞩目的成就。

然而，当时曾经回避的矛盾和保守思想有一部分自然消失，另外也有很大一部分一直遗留到现在——不突破这些保守价值观，中国的改革进程就会止步不前。

首先需要突破的是传统计划经济思想的影响。新中国成立之后，长期靠计划经济思想主导社会经济。计划经济体制下社会全部产品的生产与销售、

产品价格的制定以及企业利润的分配均由中央计划统筹安排，对于作为生产者的个人缺乏最基本的激励机制，个体的收入水平绝对平均化。这些保守思想与诸子平分继承制对于经济的影响是类似的，都会让中国无法抽离开"产权改革陷阱"。

不破除上述落后理论和保守思想的影响，改革共识就无法形成！此时，来自既得利益集团内部的改革力量，在与来自既得利益集团外部，甚至体制外部的激进力量"赛跑"的过程中，如果不能占据先机，那么之前郁积的社会矛盾可能以破坏性的方式爆发出来。为了避免后者可能造成的巨大福利损失和破坏，必须尽快对那些稳定了多年，已经僵化了的各项经济制度大刀阔斧地进行改革：户籍制度、土地制度、金融制度、行政垄断和行业管制政策、低效率的国有企业、高税收……

三、不能把产权结构视为分配机制

为了促进平等所需要的产权结构、为了促进效用最大化所需要的产权结构以及为了促进财富增值的产权结构，不仅是完全不同的，有时候甚至是完全反向的。正如蒲鲁东所说：**财产权利指向增长，但是不指向平等，甚至与平等是相冲突的。**

在蒲鲁东看来，增长的权利是从对财产的拥有中获得收入的权利，而获得收入的途径，或者通过资源的生产性开发，或者通过资源的交换。[①] 而沿着这种途径走下去，结果必然是占有资源和财富的人可以获得更多的资源和财富，不占有资源和财富的人则变得相对贫困，社会财富结构自然发展的结果就是贫富差距的一步步扩大和社会不平等现象的加剧。

因此，为了避免因为社会贫富差距过大造成的社会整体财富增长放缓和可能的社会动荡，避免通过政治或军事等强权手段对社会财富进行暴力的再

---

① 克里斯特曼著：《财产的神话》，张绍宗译，广西师范大学出版社 2004 年版，第 3 页。

分配，一个国家必须建立适当的税收调节、转移支付、捐赠、公共福利等财富调节机制，使财富从那些财产权上占有优势的社会群体，向在财产权上处于不利地位的社会群体适当转移；而尽可能地丰富财产权的层次，至少可以提供更多的矛盾化解方案。

同时，计划经济在实践上的失败告诉我们，鉴于财富的"增长指向"和"平等指向"的矛盾，人类也不应该通过生产资料的平均占有来解决上述贫富差距扩大的问题，因为这会极大地延缓财富的创造过程——也就是说追求财富增长的过程和财富再分配的过程，必须分开。

决不能把国家的财产权结构视为分配机制，国家财产权结构应该指向经济和财富的增长，尽管它别无选择地指向经济上的不平等；同时，经济上的平等应该通过另外一套适度的福利机制来进行纠正。

四、理想的产权关系形成过程中，政府和市场的角色

中国直到最近几年才开始重视市场交易在形成理想产权关系中的作用，而在这之前产权变革总是通过政治手段来完成。而科斯定理恰恰证明，企图不借助市场交易而仅仅依靠政治手段来建立完善的产权关系是不现实的。科斯认为，只要法律允许产权交易，不论初始状态如何，市场行为总能实现各方效用最大化，初始产权只影响交易费用大小。然而，如果产权不明确，问题就永远无法解决。

所以政府和法律的功能首先是明确产权关系，然后才可以考虑如何重新划分产权（如果不可避免），以及减少交易费用。（参见科斯定理）

正如前文中曾提到的，科斯定理可以推出下面的结论：如果法律已经明确规定了产权所属，它就应该尊重这种产权归属，不能再轻易重新划分产权以减少交易费用；如果法律致力于确定理想的产权关系以减少交易费用，甚至直接通过法律建立最理想的产权关系而使产权交易费用为零，那么在这种理想的产权关系建立之前和建立过程中，产权必然是不明确的。这正是科斯定理告诉我们的最坏的情况，也是"产权改革陷阱"中最坏的情况。

避免上述最坏的情况出现，首先要明确政府角色，约束政府行为。政府应该致力于建立和保护明确的产权关系，而让产权关系的成熟和优化过程借助于市场运作来完成。

其次，任何产权改革一定要建立在对现存合理产权充分尊重的前提下进行。必须明确，不论公有产权还是私有产权都是神圣不可侵犯的。产权改革绝不是让任何一方无偿占有另一方的财产，而是明确产权关系，促进市场化交易，否则前人费尽心血建立的产权关系不一定会被后人尊重，导致产权关系不稳定，缺乏继承性。在市场化产权改革的过程中，既要防止苏联、原东欧社会主义国家所采用的通过政治方式重新分配国有资产对生产力的严重破坏；又要防止产权改革中的保守主义倾向对市场化产权交易的影响。

总之，在产权改革和形成理想的产权关系的过程中，政府角色并非不重要，但是政府角色的关键在于明确产权的性质和所属关系，硬化产权约束，大力培育产权交易市场，促进市场交易来优化产权结构，而不是由政府再次拿起大刀切分财富蛋糕。

五、多元化的市场化改革和市场化交易是产权改革的关键

随着财产权的分解，所谓"公有"和"私有"都已变成相对的概念，人是社会性的生物个体，因此并不存在纯粹意义上的公有财富，也不存在纯粹意义上的私有财富，因为所有的公有财富都存在事实上的支配个体，大部分私有财富也不可能在所有权、占有权、使用权、转让权、收入权、控制权以及交易、出租所有物而获得收入等所有层次上排斥他人。即便在美国那样的资本主义社会，在个人使用、改变、销毁他们的财产所承担的责任方面，对私人的特权也有许多限制。国家机关和官员对财物的使用和出售施加了许多管制，而源于物品的出租、出售或者转让的收入，则由税收加以调节。[1]

---

[1] 克里斯特曼著：《财产的神话》，张绍宗译，广西师范大学出版社 2004 年版，第 4 页。

随着社会财产权结构分解为产权结构、财产占有权结构、控制权结构、使用权结构、转让和继承权结构、财产收入权结构、交易或出租所有物而获得收入的权利结构、动用资本权（让渡、消费、更改权）、管理权、抵押权甚至国家的税收结构之后，名义的所有权都不是财产权结构的全部，还要看控制权、使用权、收入支配权等衍生权利的实际意义。

财富所有权可分解的层次越多，能够产生的有效组合越多，通过和平方式满足不同群体需要的可能性就越大，从而使政治和军事力量在形成稳定的产权结构过程中所能施加的影响越来越小。

在这种背景下，围绕效率、平等、公平、社会福利等目标而进行的市场化产权改革（例如中国）在实践中比依靠政治力量的产权再分配（比如苏联、原东欧社会主义国家的全面私有化）体现出更积极的社会意义。如今，无论是城乡土地制度的产权改革，还是城市的混合所有制改革，最应该避免的就是把已经形成的多层次产权合并为单一层次的完全所有权，然后依靠政治权力的大规模再分配。多元、多样化的市场化改革和市场化交易才是最好的选择。

第四节　全面减税激发企业活力

谈到减税，人们很容易想到里根的减税政策和特朗普的减税政策。20 世纪 80 年代，减税政策使得美国经济从 1982 年的负增长迅速上升到 1983 年的全年增长 4.6%，其中 1983 年第 4 季度经济增长水平高达 7.83%。特朗普的减税政策也极大地改善了企业盈利状况，2018 年第 2 季度 GDP 增长率达 4.1%，创 2014 年第 3 季度以来新高。可见，减税确实是有利于经济的短期恢复，但不可否认减税也是有弊端的，比如短期性特点、财政收支的恶化以及影响政府提供公共产品和转移支付能力等。那么，什么时候减税是合适的呢？学术上有关于最优税率的讨论，但更多是从保证效率和公平统一的角度，往往对于经济变化，对于最优税率反作用的影响，讨论得很少。

合理的税负水平是保证政府正常运转、确保国家安全和稳定、提供民生基础设施的必要手段。然而，中国却掀起了一场关于"死亡税率"的争论。有财政学者批评"中国征税过重，40% 的税负对中国企业意味着死亡，也可以叫'死亡税率'"；也有企业家表示"中国制造业的综合税负跟美国比高 35%，而且是'全世界最高的'"；国家税务总局也就宏观税负水平、税负结构和完善宏观税负机制作出了解释。那么是否存在所谓"死亡税率"或者其他影响企业生存的"临界税率"呢？

一、临界税率的影响因素

企业经营和盈利能力受到多种因素的影响，如市场环境、生产成本、资金成本、创新和管理能力等，税收是影响企业净利润的众多因素之一，如果将企业的退出完全归因于税收，显然是有偏颇的，"死亡税率"的提法在一定程度上夸大了税收的影响。

但同时也需要关注税收成本的增加会降低厂商的盈利能力，有效供给会随着税收成本的提高而降低。过高的赋税成本会造成实业经营困难，当税收达到某一个值时，厂商的净利润可能接近于零。**如果再提高税率，厂商就有可能退出生产，有效供给迅速降为零。这个税率是"临界税率"。**

如图 7 所示，当厂商税收成本小于"临界税率 t_0"时，有效供给随着税收成本的增加而减少；当厂商税收成本增加到高于"临界税率 t_0"时，则有效供给断崖式下滑，降为零。

如果将企业经营活动看作一个供需结构、生产成本、市场格局等都不发生变化的静态过程，税负对于企业的影响也是相对固定的，临界税率会稳定在某一点 t_0。但事实上，企业的生产和经营活动，受到宏观经济形势、供需格局、劳动成本、物流成本、原材料成本等多种因素的影响，是动态变化的，因此临界税率也会随着这些因素的变化而左右移动。

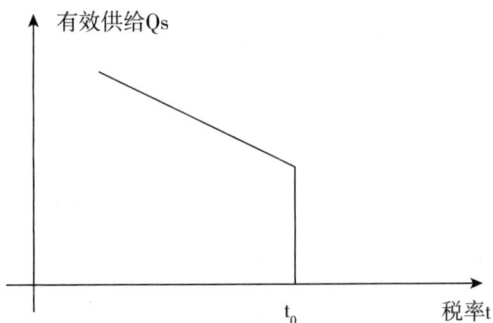

图 7 税收成本约束曲线

在经济景气上升，或劳动成本、物流成本、融资成本等大幅降低的情况下，企业对于税收的承受能力也会相应提升，临界税率会向右移动。反之，如果经济增速持续下行，或生产成本、经营成本大幅提升，企业对于税收的承受能力会下降，临界税率向左移动。

对于厂商而言，即使在税率不变的情况下，如果其他因素导致"临界税率"向左移动，超过企业的承受范围内，厂商就不愿意再增加投资或者生产；在开放条件下，厂商会选择向税率较低的其他国家或地区搬迁。

二、中国税负是否接近了"临界税率"

近几年，我国出台了结构性减税降负的措施，部分企业的税负得到了一定改善。2010年以来，我国经济增速持续下行，国内生产总值增速从2010年10.6%的高速增长下降到2018年的6.6%，企业经营受到宏观经济景气向下的压力，利润空间有所收窄。同时，企业经营的人工成本、融资成本、土地成本近几年也出现了大幅上涨，进一步挤压了企业的利润。

以融资成本为例，2010年10月，为了应对物价上涨，中国央行开始多次加息，一直延续到2011年7月。其间，银行理财产品的收益率从2.5%，上升到2011年底的5.3%，提高了一倍多，企业的实际融资成本迅速上升。在2013年的"钱荒"时期，隔夜头寸拆借利率飙升578个基点，达到13.44%，各期限资金利率全线大涨，实体经济出现了严重资本供给短缺，企业的融资成本又一次被显著抬高。2018年金融去杠杆更是引发了民营企业的债务风险和股权质押风险。

对于当前中国经济而言，经济增速下行压力增大、原材料成本大幅上升、外部环境发生明显变化等"三重因素共振"导致最优税率降低。加之，金融去杠杆对于企业，尤其是民营企业融资能力的影响，使得企业的投资能力，甚至经营都受到了较大冲击，进而导致企业所能承受的"临界税率"更加迅速地降低。在这种情况下，正在实行的税率就会大幅偏离最优水平，如果不及时降低税率，使之与"最优税率"保持较小的合理范围，就可能对企业的持续经营意愿和未来投资能力产生明显的负面影响。

随着中国经济下行压力持续加大，高税负已经成为企业经营的沉重负担。高额税收成本不但造成大量企业经营困难，乃至亏损，同时还迫使福耀玻璃等民营企业为了规避税收而将工厂迁往美国。**中国目前的税负已经接近了企业所能承受的"临界税率"水平。**

三、若减税力度的进度低于预期，经济效果会打折扣

2018 年以来，中央政府在减轻企业税负方面，已经做了大量的工作，出台了一系列对小微企业、新兴行业的减税政策，3 月更是普遍调低了增值税率 1 个百分点，2018 年减税降费超过 1 万亿元。为什么减税力度有增无减，但企业家的切身感受并不明显呢？其根源在于当前的减税力度还不足以对冲企业成本上涨的压力。

中国的央企以上游企业为主，而 2018 年 PPI 向 CPI 的传导基本处于停滞状态，故可用央企 2018 年前三个季度营业收入增量来简单估算中下游企业的新增成本压力。2018 年前三个季度，央企累计实现营业收入 21.2 万亿元，同比增长 11%，也就是说，近一年来上游原材料价格上升给中下游企业带来的成本压力在 2 万亿元左右。即使如预期，2018 年减税降费达到 1.3 万亿元，显然还不足以对冲成本上涨的冲击，无法有效刺激企业投资，对于整个宏观经济的调节效果也难以有效显现。

任何一个经济的税率接近"临界税率"之后，都会对经济产生压制作用。以美国为例，1932 年 11 月，罗斯福赢得了美国总统大选，上台以后，在税收方面作出了增税的决定。罗斯福去世以后，高税率政策仍然得以延续。到了 20 世纪 60 年代，高税负对美国经济产生的压制效应已经非常明显，失业率一度高达 7.1%。1981 年美国联邦通过的《经济复苏税法》通过降低个人所得税率等方法刺激经济增长。法案主要包括一系列的全面减税措施，包括通过三年将个人所得税率降低 23%，将最高税率从 70% 降到 50%，将最低税率从 14% 降到 11%。1982 年到 1983 年，里根全面降低了个人所得税率；同时减免企业税，主要对企业投资给予纳税优惠，并缩短固定资产折旧年限；此外，还降低了小公司的利润税率。

在减税等政策刺激下，美国经济于 1983 年开始复苏。1983 年 8 月，美国工业生产指数连续上升了 9 个月，已十分接近危机前的高点。美国国内生产总值从 1982 年的负增长迅速上升到 1983 年的全年增长 4.6%，其中 1983 年第四季度经济增长水平高达 7.83%。

2018年美国的减税措施极大地改善了企业盈利状况，有效刺激了美国经济的复苏，2018年第二季度GDP增长率达4.1%，创2014年第三季度以来新高。而中国产能过剩行业出现暴利，非过剩行业企业利润增速放缓甚至大幅下降的情况下，更加需要结构性的减税措施来调节扭曲的财富分配效应，降低非过剩行业企业的税负。

当前需要更大力度、更快进度的减税。当经济平稳运行的时候，毛毛雨式的减税方式能够起到润物细无声的效果，但是当经济下行压力明显的时候，毛毛雨式减税的积极效应，就会被炙热的烈日所掩盖，达不到预期的效果。2018年以来政府的减税力度有增无减，但企业家的切身感受却并不明显，其根源在于当前的减税力度还不足以对冲企业成本上涨和外部环境变化的压力。

其实，减税不仅对提振经济、增加企业家利润产生直接的影响，税收的变化还会对企业家的预期产生影响，由此对经济产生的间接带动作用往往会更大。当企业家对经济和经营有过于悲观预期时，就会延缓投资进度，导致投资加速下滑，反之，积极的预期也会促进企业家提前布局投资，进而产生乘数效应。超预期的减税政策，比如尽快针对增值税或所得税等主力税种，采取直接降低税率等的方式，全面降低各个行业的增值税率或所得税率，有利于更多的企业切实感受到减税又减负的效果，全面提振实体经济的供给潜力。反之，如果减税力度进度低于预期，企业家的预期改善就会低于预期，减税的经济效果也会受影响。

中国正处于新旧动能转换的关键时期，建议下决心更大力度、更快进度地减税，使得税率尽快恢复到均衡水平，改善企业家对于未来的投资预期，推动供给结构升级，为中国经济注入持久的增长动力。

四、大力度减税，提升经济持久动力

在减税政策的制定中，还应当进一步解放思想，未来几年内持续适度扩大减税力度。不仅仅在一些小税种上减税，还可以考虑从企业负担最重的所得税、增值税等大税种入手，实施全面、普遍、大力度的减税措施。

从税收占 GDP 比重指标来衡量中国的税负水平，与美国、加拿大等国家相比并不算高，但如果仅从企业所得税占 GDP 的比重来看：2017 年我国税收收入约为 14 万亿元，其中企业所得税为 3.2 万亿元，占总税收比重约为 22.9%，而美国公司所得税占总税收比例仅为 8%，OECD 的国家略高，平均值也只有 9%，中国还有持续适度扩大减税范围的空间。尤其对于先进制造业、现代服务业等新供给行业，相较于增值税，减免企业所得税的效果将更为显著，空间也更大。

以 2017 年 3.2 万亿元企业所得税金额，25% 的税率估算，若降低税率 10%，即 2.5 个百分点，对应企业利润将增加 3200 亿元，按照 7.5 万亿元的工业企业净利润估算，相当于企业净利润提升 4.3%，是 2.5% 税率的将近两倍，减税效果将会在企业生产中以乘数效应反哺实体经济的投资和扩大再生产。伴随着企业的投资回报率的明显上升，投资意愿自然也会提高，进而释放供给潜力，创造有效需求。

而对于因减税所造成的中国政府的财政缺口，可以通过发行等量的国债予以弥补。这一政策的实质是，在经济低迷时减税，在未来经济过热、有通货膨胀风险时偿还，把未来经济景气或过热阶段的资源提前到目前经济低迷阶段使用，不仅有利于当前经济企稳回升，也有利于避免下一轮经济过热的发生，是熨平经济波动的有效手段。同时，在中国居民的货币资产缺乏足够可选投向的背景下，发行国债还可以有效吸纳社会闲置资金，增加居民闲置资金的投资回报。

2019 年中国正处于结构性转型攻坚克难阶段，每降低一个百分点的税收，就会有千万家企业扭亏为盈，焕发出勃勃生机，为中国经济注入持久的增长动力。

第五节　按要素边际报酬分配，扩大中等收入群体

中国经济的长期可持续发展离不开繁荣的国内市场，而国内市场的繁荣则有赖于收入分配改革的不断推进和中等收入群体的持续扩大。习近平总书记也高度重视扩大中等收入群体的问题，他在中央财经领导小组第十三次会议中指出，"扩大中等收入群体"，"必须完善收入分配制度"，"把按劳分配和按生产要素分配结合起来"；"必须强化人力资本，加大人力资本投入力度"；"必须发挥好企业家作用"，"保障各种要素投入获得回报"；"必须加强产权保护，健全现代产权制度"，"加强对非公有制经济产权保护，加强知识产权保护，增强人民群众财产安全感"。

新供给主义经济学认为，只有按照要素贡献和边际报酬进行分配，才是真正公平的分配制度；针对目前中国收入分配领域的扭曲现象，只有深入推进供给侧结构性改革，提高要素占有的公平性，建立完善的要素市场，扩大中等收入群体，才能真正扩大内需，保证中国经济可持续增长。

一、扩大中等收入群体，有利于经济转型和可持续增长

如果一个国家中等收入群体占的比重最大，那么社会将呈现出两头小、中间大的橄榄型的收入分配格局；如果中等收入群体占的比重较小，而高收入群体和低收入群体占的比重较大，则分配格局将呈现为两头大、中间小的哑铃型；如果高收入群体、中等收入群体和低收入群体的规模依次增大，则社会的分配格局将呈现为金字塔型。**中等收入群体占人口的 60% 到 70% 时，形成了橄榄型的收入分配格局，对于经济发展、社会稳定和国民福利的提高都是最有利的。**

扩大中等收入群体，有利于推动中国经济转型升级、有利于刺激消费扩大内需，也有利于实现中国经济的可持续增长。中国经济目前面临着由过去主要依赖外部市场，向依靠内需转变的任务。如果中国呈现出哑铃型或者金字塔型的收入分配格局，对于培育持续稳定增长的国内市场都是不利的。高收入群体边际消费倾向普遍较低，也就是说由于其生活条件普遍较好，在每个单位的新增收入中，用于消费的部分一般较低，对于整体经济的拉动有限；而低收入群体的边际消费倾向尽管较高，但是整体收入水平限制了其消费能力，而且其消费结构一般集中于生活必需品，对于整体经济的升级换代也缺乏带动力。同时，哑铃型或金字塔型的收入分配结构，也不利于社会的稳定和发展。在哑铃型分配格局下，贫富分化加剧，社会矛盾容易向激化的方向发展；而金字塔型的收入分配结构容易导致阶层固化，社会缺少流动性，往往陷入僵化停滞的局面。

中等收入群体的收入水平相对较高，保证了其稳定的支付能力；同时中等收入群体表现出较高的边际消费倾向，扩大中等收入群体，可以刺激消费、扩大内需，促进经济向消费型增长转变。另外，中等收入群体的消费结构也更倾向于新型消费品，对于新技术、新产品、新业态的接受能力普遍较高，也更有利于配合中国经济向高端内生性经济转型升级。中等收入群体占据多数的橄榄型分配格局，也最有利于社会稳定和经济持续增长。在这样的格局下，低收入群体通过一定的奋斗，有可能上升至中等收入群体，中等收入群体也可以通过努力，进入高收入群体，阶层之间有着良好的流动性。

因此，不断扩大中等收入群体，推动社会向橄榄型收入分配结构转变，既有利于经济发展和转型升级，又有利于社会稳定和经济可持续增长，因此是提高国民福利的必然要求。

二、要素占有及要素报酬分配的公平性与中等收入群体扩大

作为全球第二大经济体，中国中等收入群体也在不断扩大和发展。但是从整体来看，**即使按照较低的标准，我国的中等收入群体所占比重也仅**

有30%左右。而在20世纪80年代的一些社会调查中，在美国就有66.7%的居民认为自己属于"中产阶级"，在瑞典这一比例是75%，在中国台湾是57.7%，而在总人口不过1.2亿左右的日本，长期以来有"一亿中流"的说法，即一亿人自认属于中产阶级。由此可见，中国大陆中等收入群体的发展明显滞后，扩大中等收入群体任务非常急迫。

万博新经济研究院认为，房价上涨过快、财政收入在国民收入中占比过高、要素占有公平性较差、行政权力参与财富分配等原因，是抑制中等收入群体成长和快速壮大的主要原因。

在中国大中城市中，房价上涨过快成为抑制新生中等收入群体扩大的重要原因。从发达国家的经验来看，大学以上学历的年轻人是新生中产阶级的主要后备力量。他们在毕业后凭借自己的学识和能力，很快在大城市获得稳定工作，进入白领阶层，或者成为专业人士、企业管理者，他们的收入能够保障其在大城市的衣食住行，还有余力进行教育、培训等人力资本投资，中产阶级群体由此得以不断扩大。但是过去几年，远远高于收入涨幅的房价增速，使得居住成本占据了年轻人收入的相当大部分，挤占了本应用于改善生活和提供发展的其他支出。

房价上涨过快，也是分配机制扭曲的重要表现。其本质一方面是人为制造的土地要素稀缺，导致能够获取土地资源的房地产开发商获取了过高的回报；另一方面是住宅的投资品属性被过度放大，扭曲了其消费属性，掌握资金要素的部分群体可以利用其资金优势和金融杠杆扩大财产性收入，进一步挤压了普通居民的可支配收入。完善收入分配制度，就必须改变土地要素、资金要素在分配中占据过高份额的局面。一方面恢复住宅的消费品属性，降低投资性、投机性买房需求，尽快遏制房价过快上涨的势头，另一方面通过以"优化供给结构、提高供给效率"为核心的房价管控政策，将房地产库存转化为有效供给，满足居民的刚性需求，改变土地要素收入挤占劳动、技术、管理应得份额的状况。

财政收入占比过大、增长过快也是抑制中等收入群体增长的原因之一。

数据显示，2014 年中国的宏观税负为 37%，高于发达国家水平；而且与发达国家的高税收高福利不同，中国在低福利水平征收高税负，对居民收入的影响更大。从增速来看，财政收入增速一直高于国民收入增速，而直接影响企业和居民收入的所得税增速一直高于整体财政收入增速。2015 年，全国一般公共预算收入 152217 亿元，比上年增长 8.4%（GDP 增长 6.9%），企业所得税、个人所得税分别增长 10.1% 和 16.8%。

企业所得税主要影响企业的税后利润，直接影响到企业主的红利收入。 调查显示，目前小微企业、中小企业的税负普遍偏重，从纳税额占营业收入比重来看，个体工商户和小微企业承担的比重甚至超过了上市公司。个人所得税尽管在政府整体税收中所占的比重不高，但是它却广泛影响到工薪收入群体。**在西方发达国家，工薪阶层人数占比将近 50%，但只承担了个税的 5%；10% 的高收入者承担了 60%；1% 的最高收入者承担了 30%。** 2014 年，中国的工薪所得税在个人所得税中的比重已经占到 65%，有人认为个人所得税实际上已经成为"工薪税"。过重的税负不仅减少了企业和居民的当期收入，而且长期影响劳动者、技术人员、管理者的可支配收入，不利于经济发展和中等收入群体的扩大。因此，减税的总体指导思想有利于鼓励劳动、技术、管理等要素所有者获得更合理的要素回报，有利于扩大中等收入群体。

长期以来，一些行业和企业凭借其在要素占有上的有利地位，长期在收入分配中占比过高，挤占了其他方面的收入。 例如，在中国 2000 多家上市公司中，银行的利润一直占据了一半以上的份额，这就意味着其他行业的企业很大程度上是在"给银行打工"。例如，对比发现，比较扣除各种税费后的"裸价"，中国的汽油价格要比美国高出 30% 左右，其中很重要的一个原因就是垄断造成的财富重新分配。在电力、电信等领域，也广泛存在资源垄断或行政垄断，导致部分企业长期依靠垄断获取财富，挤占了其他行业和企业的收入分配份额。

同时，一些个人利用改革过程中的制度不完善，占据公有资源为个人谋利，对于其他社会群体形成了明显的不公平。 例如，在农村和城乡接合地带，部分集体所有的土地被个人非法占据，搭建违章建筑，在拆迁中以社会稳定为要挟索要高额补偿，这已经成为各地的普遍现象。例如，在深圳福田区的岗厦村，500多人在一夜之间通过拆迁获得数千万甚至上亿元的收入。在深圳，还有不少原本是农民的"包租公"，坐拥一层、几层甚至一栋"握手楼"（指"城中村"里面相距很近的"农民房"，楼与楼之间相距很近，两楼里的人打开窗户即可握手），每年获取的房租收入堪称暴利。

这两种现象都可以归结为要素占有的公平性较差，它使得收入分配从起点上就偏离公平；同时这种现象使得收入分配与要素贡献无关，导致收入分配结果进一步扭曲。因此，反垄断、放松管制，促进市场自由化、产权民营化，不仅是"放松供给约束、解除供给抑制"的必然要求，也是促进公平收入分配的必然选择。同时，也应当尽快消除各种产权模糊地带，如对农村土地实现尽快确权，提高要素占有的公平性。

行政权力直接或间接参与收入分配，是收入分配机制扭曲的重要原因。长期以来，地方政府通过土地财政等方式，直接参与财富分配，不仅造成了地方财政风险的累积，而且也形成了大量的灰色分配，对于其他要素的正常财富创造和分配都起到了抑制作用。行政权力在资源分配中具备强制性，如果行政权力直接参与财富分配，不仅是腐败的源泉，也会影响到其他要素创造财富的积极性。行政权力必须回归服务社会的本质，直接或间接参与财富分配的做法必须遏制。

三、以"要素贡献和边际报酬"为核心的收入分配机制

"大萧条"和二战以后，西方国家逐步发展了一整套通过税收和转移支付调节收入分配的机制，它对于改善分配结果、实现社会稳定和经济增长，的确起到了一定的作用。中国在改革开放以后也逐步建立了转移支付的制度，并通过社保、扶贫等具体方式来缩小收入分配差距，的确取得了一定成果，在30余年的时间内让6.6亿人摆脱了贫困，得到国际社会的普遍赞誉。但是通过"税收＋转移支付"的方式调节收入分配，对于改善低收入群体的状况

有一定的作用，但对扩大中等收入群体则效用有限，过分扩大财税规模甚至会降低社会资源配置效率，给扩大中等收入群体带来新的障碍。

在 2013 年出版的《民富论——新供给主义百年强国路》一书中，**新供给主义经济学就提出了以"供给要素贡献和边际报酬"为核心的收入分配六个核心主张：（1）遏制公共权力直接或间接参与财富分配；（2）减少垄断对财富的瓜分；（3）控制利用公共资源过度获取个体收入的现象；（4）对于创业企业或雇员人数、销售收入较小的小微企业应大范围免税；（5）政府可以通过税收调节收入分配，但调节的重点应该是严重偏离要素边际报酬的收入，比如房产持有和遗产继承等等；（6）无论是公共投资还是转移支付，长期来看都是低效率的，因此应该尽量减少公共支出和转移支付。**

目前，以"要素贡献和边际报酬"的收入分配机制亟待明确和建立健全，中国的收入分配体制中的扭曲现象也迫切需要改革。新供给主义经济学三年前提出的分配六大核心主张对于当下的收入分配体制改革、扩大中等收入群体仍然有很强的现实意义。

新供给主义经济学认为，按要素贡献分配，是公平分配的基础原则，人口和劳动、土地和资源、资本和金融、技术和创新、制度和管理这五大要素都是财富的源泉，在财富创造的过程中，各要素都作出了自己的贡献。如果在分配过程中，各要素都能够得到自己所创造的份额，那么这样的分配就是公平的，谁创造的财富多，谁获取的报酬就多。而按边际报酬分配是公平分配的数量化原则，只有按照边际报酬来衡量这一要素的贡献量，才能有利于生产要素的更有效率的配置。完善收入分配体制，扩大中等收入群体的根本，就在于落实"按要素贡献和边际报酬分配"的原则，保障各种要素投入获得回报。

按照要素贡献分配，首先就要提高要素占有的公平性，破除各种不合理的垄断现象，放开市场准入，消除各种要素产权的模糊地带，保证收入分配从起点开始的公平性。

按照边际报酬分配，就必须完善要素市场，使劳动、土地、资金、技术、管理等生产要素充分市场化，让竞争的市场给要素定价，放松各种供给约束，解除各种供给抑制，让市场在要素供给和收入分配中充分发挥作用。

目前，中国经济正逐渐由工业硬财富时代向以知识产业、信息产业、文化产业、金融产业和其他服务业为代表的软财富时代过渡，技术、管理、创意等软财富的创造能力将取代传统的土地、资本而成为稀缺的要素，根据新供给主义经济学的原理，"稀缺要素将在分配中占主导地位"，掌握这些软财富创造能力的群体，也将在分配中获得逐步增加的份额，这就是未来中国中产社会形成的根基，这个群体也就是中国中等收入人群的基础。

中等收入人群，是新供给创造能力最强的人群，也是中国未来经济发展和财富创造的最重要主体。如果能够落实"按要素贡献和边际报酬分配"的原则，保障各种要素投入获得回报，中等收入群体将会不断壮大，橄榄型社会将早日形成，中国经济就能更加稳定持续增长，中国社会也会更加和谐。

第六节　深化金融供给侧改革，重在疏经络、降成本

金融制度是经济发展的重要基础性制度，金融机构和金融市场的价值，就在于在储蓄者和企业之间用最低的成本架起一座桥梁。把脉当前中国金融体系，不能简单地头痛医头，脚痛医脚，要准确定位金融改革的关键痛点，既要疏通堵点，又要标本兼治，才能促进经济与金融的良性循环，切实解决中小企业的"融资难、融资贵"问题。

一、金融体系的供给侧结构性问题

让间接融资去发挥直接融资的作用，并不符合金融的内在规律。直接融资和间接融资作为两种重要的企业融资模式，有着各自不同的优势和劣势。间接融资更为灵活便捷，银行要求获取固定的、稳定的贷款利息，对于企业生产、经营和日常管理参与较少，更注重企业的到期还款能力，在资金的使用效率方面弱于直接融资。而直接融资的筹资成本相对较低，资金供给方所承担的风险和责任更大，要求的预期投资收益也相对较高，在资金的使用方面通常会受到诸多限制，更倾向于有较高成长性的企业。

间接融资自身的特点就决定了其资金更青睐于硬抵押、强担保、高信用的企业。中国的企业融资目前仍然过度依赖商业银行，金融体系尚不完善，在银行体系中，资金天然会流向有政府隐性担保的传统重资产国有企业，而很多中小民营企业却面临融资难的困境。

当前的融资难问题，并不在于资金供给量，而在于金融结构失衡。资金在不同市场之间、不同企业之间的流向取决于市场的引力。从资金的供给面看，资金的流向取决于预期收益与风险补偿的配比，从资金需求面看，资金

的流向取决于融资成本与投资回报率的高低。为什么资金在金融体系内部空转，而没有流到实体经济去呢？根本原因是实体经济经营成本过高，投资回报率过低。最近几年人工成本、融资成本、土地成本都出现了大幅上涨，在交通、医疗、教育等很多领域还存在行政管制，已经进入的企业获取较高的垄断利润，而大多数社会资本则无法进入。

类似的，为什么银行的信贷资金更倾向于流入大型国有企业呢？一方面是国有企业通常有政府的隐性担保，风险相对较低；另一方面，大型国有企业的资金需求规模较大，对于银行来讲容易获取规模效应。资金如水，水永远是往低处流的，但如果渠道挖错了，就会导致一边闹旱灾，一边闹水灾。如果挖了一个深不见底的池子，都困在了传统的高负债重工业国企中，必然会对新兴行业、转型行业带来挤出效应。金融活水就成了金融死水，流不动了。

在金融体系方面，"老信贷"无法对接新供给。银行传统的信贷审批体系相对烦琐，一笔贷款需要经过前期尽调、项目申报、客户评级、贷后审查等多层级审批流程，以信贷人员调研为主，对于消费数据、生产数据等金融科技的应用较少，审批成本较高；而中小企业相对于大型企业，单个企业的平均资金需求量较小，使得银行的金融供给效率与中小企业的资金需求矛盾日益突出。

传统的信贷政策在工业化和城镇化的过程中，曾经有效地支持了大批制造业和工业企业的发展，为中国的工业化提供了重要的金融保障。对于单笔信贷金额较小，轻资产或信用贷款，国有银行则竞争力不足。其以传统的信贷审批技术与流程，尚不能覆盖单笔小微额贷款的成本。即使出于战略或政策等因素考虑，成立了专门的小微企业部门，也会面临缺乏成本优势和技术优势等现实问题，甚至演变成仅为了完成户数、金额指标的"样子工程"，表面上是支持小微企业，实际上可能会采取变通的方式。比如，一笔大额贷款拆成数笔小额贷款，或者为了满足开户指标，每家企业仅仅提供几万元贷款，不能从根本上解决中小企业融资难的问题。

随着服务业在国民经济的占比越来越高，随着互联网科技、大数据等新兴经济的逐步涌现，原有的信贷政策很难适应轻资产、科技型、服务型等新型行业的发展特点。金融的创新速度落后于企业的发展和经济转型速度，会造成整个金融体系的资金供给效率降低，抑制经济增长。

监管方面，监管真空或过度监管都会形成供给约束。当前金融创新呈现出多元化、跨行业的特点，脱离监管范围之外的金融创新，容易造成短期内的野蛮生长，监管真空可能会导致很多监管制度流于形式，既增加金融市场的运行风险，又不利于金融资源的优化配置。另外，如果对新兴的金融业态过度监管，也可能形成供给约束，不利于金融服务于实体经济的形成。譬如对互联网支付、众筹股权融资等互联网金融平台进行"一刀切"式监管，会导致合法合规的金融服务路径被切断，进而降低金融服务的可获得性，降低金融服务的效率。

二、金融去杠杆的反思：监管政策也要选择合适的时机

从防范金融风险的角度适当降低金融杠杆，有其合理和必要的一面，但是去杠杆对经济有紧缩效应。在经济下行压力较大的情况下，需要选择一个合适的时机，否则可能会因为防范风险而引发新的风险。

金融杠杆应理性对待，并非杠杆越低越有利于经济增长，也不是去得越快金融风险越小。从总量来看，根据国际清算银行 BIS 统计数据，2016 年以贷款与 GDP 之比来衡量的中国政府部门杠杆率为 46.1%，企业部门杠杆率为 166.2%，高于其他新兴市场国家。杠杆过高对于国家而言会提升债务风险，对于企业而言会增加运营风险，对于一个市场而言，可能会带来价格剧烈波动的风险。一段时间以来，"一行三会"把保障金融安全放到了更加重要的位置，货币政策从 2016 年的稳健调整为稳健中性，限制同业银行业务的非理性扩张，强化保险监管，回归风险保障本质，打击资本市场金融大鳄，保护中小投资者，维护资本市场健康发展等等。

无论是宏观还是微观，国家还是企业，都需要把杠杆率控制在一个适度

的水平，但并不是杠杆率越低越有利于经济的发展。对于金融而言，信用创造方式往往伴随着杠杆，除了央行的基础货币，商业银行的新增信贷、债券产品、商业票据、信托产品、保险产品、银行理财产品、资本市场的波动等都成为金融创造货币的方式。货币创造方式的拓展，使金融的供给从单一的以存款准备金率为基础的乘数扩张，开始逐步呈现多元化的以信用和未来预期为基础的"幂"扩张，货币创造方式更加多元化，对于经济的影响程度日益加深。

若杠杆因经济的需求而生，则金融能促进财富创造；若杠杆超出了经济发展的需求，则可能引发系统性金融风险。对于微观企业而言，杠杆率高低取决于投资回报率与融资成本之间的差额，如果投资回报率大于融资成本，企业有动力通过扩大负债来提升利润率，进而提高总产出。对于一个金融市场而言，适当运用杠杆能够用较小的资金博取较大的收益，提高资金的使用效率，但同时也需要承担更高的风险。如果杠杆过度，使得价格大幅度偏离其内在价值时，可能会形成泡沫，但过快去杠杆也可能引发金融危机。比如2008年美国次级按揭贷款危机，使得全球金融市场剧烈震荡，金融机构倒闭、股市暴跌、房地产崩盘。之所以演变成全球金融危机，一方面是因为杠杆过度超越了价值创造本身的需求，另一方面是去杠杆导致的资产价值剧烈波动，加剧了金融系统性风险的振幅，加快了其蔓延速度。

行政的手段很难解决市场的问题。在去杠杆的后半场，计划和行政之手很难准确把握、调控或预判，微观市场的资金需求，还是需要交还给市场，通过自下而上的市场调节来实现，形成一个实体经济杠杆率的均衡中枢。

三、深化金融供给侧改革：疏经络、降成本

《黄帝内经》里面有这么一句话，"百病源于经络堵"。只有解除金融抑制，促进经济与金融良性循环，才能疏通金融经络，更好地服务实体经济。

金融的高杠杆表面是金融过度，本质是金融抑制。银行同业理财高增速，影子银行规模高增长，同业存单也在不断地往上涨，表面上是金融过

度，但是金融过度背后的深层次原因是金融抑制。金融市场和金融机构存在的最本质的意义，其实就在于在储蓄者和企业家之间，用最低的成本架起一座桥梁，但是现实中却存在融资渠道少、融资效率低、融资成本高的问题。所谓的"资金荒"，并不是说所有的企业都缺钱，也不是说一个企业的所有发展阶段都缺钱，中国并不存在所谓的"都缺钱"，整体的流动性并不像想象中那么紧张，而是资金的配置出了问题——"结构性缺钱"。银行资金是"水"的价格，但是到了中小微企业的手里就是"油"的价格，其中的价差在金融体系中被层层的管理费用、托管费用等吞噬了，没有进入实体经济。中小企业融资难和融资贵的问题长期存在着，已经不是资金多少和流动性的问题了，而是金融体制有了"堵点"，需要疏通。

因此，要进一步拓宽金融供给渠道、调动多方资源提升资本的有效供给，打通直接融资与间接融资"两条动脉"，建立多层次的金融市场体系。鼓励发展中小银行和民营金融机构，与国有大银行实现金融供给的互补。中小股份银行、村镇银行或民营银行的决策机制相对灵活，审批效率较高，创新能力较强，这一点正好符合中小企业的金融服务需求。一些中小银行具有一定的区域优势和地方特色，对于地方企业的经营状况、征信情况等更为熟悉，在风险可控的情况下，能够引入硬资产抵押之外的指标来合理评估贷款风险。这种小而精的金融机构，不盲目扩张或多元化，扎根区域和本土，能更好地服务小微企业。

像微众银行、百信银行这样，具有大数据优势的民营银行，恰恰弥补了大型银行的劣势，可以充分发挥金融科技的优势，整合交易记录、客户评价等数据，创新信贷评价体系，作出前瞻性的评估，用技术创新覆盖掉小微额贷款经营成本，进而能够为小微企业、个人提供差异化、便捷的金融服务。

同时，融资只是金融服务实体经济的一个方面，支持产业转型的企业并购重组也是服务实体经济的重要方面。在新旧动能转换的关键阶段，依法、合规的并购重组，尤其是能够形成良好协同效应的相关产业之间的重组，有利于企业的转型升级。为符合条件的企业提供并购贷款等，允许这些企业在资本市场发行可转换债券、发行优先股票等，鼓励社会资本通过股权投资、产业基金等方式参与企业并购重组，有利于促进旧动能转型升级，推动新兴产业发展。

在监管方面，监管过度就会导致创新不足，监管不足就会导致创新过度。无论是监管还是创新都必须要适度。另外，要完善金融规则和制度，加强跨行业的金融控股公司监管，消除监管真空，对一些"伪金融创新"及时识别、评估和控制风险。

总之，金融服务实体经济要疏通经络，解除金融供给量的抑制，多渠道服务实体经济；要优化供给结构，让市场在资源配置中发挥决定性作用，通过深化金融改革，解除金融抑制。只有让金融服务真正适应新兴经济的发展特点，促进经济与金融良性循环，才是治本之策。

第七节 深化民生领域供给侧改革，满足美好生活需要
——以医疗产业为例

供给侧改革不仅为经济领域的结构性难题开出了对症的药方，如果能够在医疗、教育等民生领域推进和深化供给侧改革，也能够缓解优质民生产品和服务供给结构扭曲、供给成本过高的问题。

一、供给总量不足，供给结构不合理

长期以来，中国医疗领域的供给矛盾异常突出，相比于广大患者刚性增长的医疗需求，中国医疗资源不但总量供给严重不足，而且供给结构扭曲明显。在医疗领域供给侧矛盾的催化下，层出不穷的恶性伤医案件已经成为严重撕裂社会的伤口，造成医患关系严重对立。

从人均拥有医疗资源的水平来看，中国的人均卫生费用仅为美国的3.2%，医师密度为美国的60%，护理和助产人员密度为美国的15.4%，医院床位数密度与美国相当，但是仅有日本的28%。从结构来看，大城市的大医院集中了优质医疗资源，却无法满足患者的就医需要，导致看病难的问题常年无法解决；被公众寄予很大希望的民营医疗领域，目前却存在严重的逆向淘汰：有实力、守规矩的民营资本想进入医疗领域遇到种种体制机制障碍而难以进入，部分劣质民营医院，通过不规范宣传来牟取暴利。

从地域来看，优质医疗资源主要集中在城市和发达地区，乡村和欠发达地区供给明显不足，甚至成为假医假药等劣质供给泛滥的"灾区"。此外，在中国医疗资源供给总体不足的情况下，由于"特权医疗"的存在，使得普通患者能够得到的医疗资源供给被进一步压缩。

从新供给主义经济学分析，医疗供给不足的原因主要是资源约束和制度约束两个方面。资源约束是指在总体预算有限的前提下，政府无法在短时间内在医疗领域投入更多资源。医疗制度供给约束又可细分为两个方面：一方面是行政限制使得社会资源无法顺利进入医疗领域扩大供给；另一方面是分配机制扭曲，使得已经进入的资源无法得到合理的报酬，对资源给出负面信号，导致资源流入不足甚至流出。

二、医疗供给质量偏低，供给价格形成机制扭曲

中国医疗服务的供给质量整体偏低，在农村、偏远地区，在一些劣质医疗机构，医疗服务的供给质量还会更低。新供给主义经济学认为，一个行业供给质量的恶化，一般是因为以下几个方面的原因：缺少合格或优质的要素供给，因处于垄断地位而缺乏改进质量的动力，由于信息不对称导致的以次充好。

第一点，无法得到合格或优质的要素供给，导致医疗服务供给质量恶化。在目前中国的医疗服务领域，农村和偏远地区的供给质量低下，往往是因为得不到优质要素供给造成的。即使在北京这样的大都市，其远郊区县也存在着缺医少药的问题。北京市人大进行的一次调研显示，在农村特别是远郊山区，基层卫生工作者引不来、留不住的情况普遍存在，药品和报销标准也与城镇地区有较大差距，"缺医少药"的问题并没有根本解决。

第二点，部分大城市的大医院，占据了大量优质医疗资源，实际上处于垄断地位，导致供给者缺少竞争，从而缺乏改善质量的动力。在优质资源过度集中于部分公立大医院的情况下，公立医院的经济地位接近于垄断。在这种情况下，公立医院缺乏改善服务质量的动力，也会导致患者看病时遇到态度恶劣、治疗不细致等情况。

第三点，医疗服务的特点之一是信息不对称，供求双方（医患双方）无法展开有效博弈，导致供给方有机会以次充好牟取超额利润。医生掌握专业程度很高的医疗知识，同时也掌握着病人的全部检查结果等信息；病人不可

能掌握与医生对等的知识和信息。而医生的服务水平和结果，将直接影响患者的生活质量乃至生命安全，这构成了医疗服务的高度不对称性。

在这种情况下，医生在一定程度上掌握"绝对权力"，只要病人决定接受医生的治疗，医生就有权决定病人的行为。因此，劣质医疗资源就可能利用这种不对称性占据市场，这是以莆田系为代表的部分劣质民营医疗机构大行其道的主要原因。在某些极端的情况下，甚至出现过"手术过程中加价"的现象。

由于医疗体制改革不到位，中国医疗服务领域的价格形成机制严重扭曲。比如，由于国家对公立医疗机构实行价格管制，因此其名义价格普遍较低，但患者实际付出的价格要高得多：一方面是号贩子等灰色中介市场提高了医疗服务的价格；另一方面，由于对医疗服务定价过低，使得"以药养医""以械养医"的现象难以根除，由此导致大量诱导需求和过度治疗，实际上也提高了医疗的实际供给价格。

而民营医院在获取了自主定价权之后，不规范收取高价的现象也很普遍。最为典型的就是莆田系医院，通过在百度等搜索引擎参与竞价排名来获取患者导入，为此支付的成本最终都将进入患者的治疗费用。据媒体报道，上海某男科医院通过竞价排名带来的患者，还未开始看病，其"到院成本"就已经将近 4500 元 / 人。可以想见，这些费用都将在患者身上收回来。

三、供给侧结构性改革，破解医疗行业难题

由此可见，医疗服务领域的供给总量、供给结构、供给质量、供给价格形成机制都存在严重的问题，是供给侧矛盾最突出的领域之一。为了增加医疗有效供给，改善供给结构，提高供给质量，降低供给价格，一方面通过放松制度供给约束，解除要素供给抑制，让人才、土地、资金、技术、管理等要素能够有序流入医疗服务领域，解决供给总量不足的问题；另一方面，建立健全的市场规则和监管体系，形成优胜劣汰的正向淘汰机制，促进新供给和优质供给形成，淘汰劣质医疗供给，解决供给结构问题。具体应从以下几

个方面着手：

（一）放手发动各方资源，切实增加医疗有效供给

为了从根本上解决上述供需矛盾，须放手发动各方资源，切实增加医疗有效供给。要让公立医院保障基本医疗和普惠医疗需求，让民营医院用市场化的方式满足增量需求，让社会资本更长效地支持医疗事业。

公立医院以基本医疗和普惠医疗为主，应从三个方面扩大投入：第一，应确保中央和地方财政资金对公立医院的最低投入及合理增长；第二，公立医院不以营利为目的，其收入在支付医院日常开销、医生劳务报酬之后，全部用于科研活动和医疗资源再投入；第三，公立医院应提高经营运作的透明度和规范性，定期接受审计监督，公开披露财务收支状况，吸引社会慈善基金，以多种方式支持公立医院发展，更好地满足社会对于基本医疗服务的需求。

任何一个国家的医疗服务事业都不能单纯依靠政府，必须有全社会的力量投入。在公立医院注重基本医疗服务、民营医院注重市场化增量需求的前提下，须放手发动社会保障、商业保险、产业基金等多种社会资源，建立起"遵章可入"的医疗服务行业准入规则。

进入规则不透明，是医疗行业目前面临的最大供给约束。尽管国家已经出台一系列政策鼓励民营医院发展，但是社会资源如何进入医疗行业，仍然没有明确的规章制度可循。连台湾著名企业家王永庆创办的长庚医院落地大陆的过程都历经坎坷，其他的中小民间资本可想而知。因此，政府应当建立明确有序的医疗服务行业准入规则，让有意愿创办医疗机构的社会资源，只要遵章办事，就能够顺利进入医疗服务行业，这是最大的医疗服务行业供给侧改革举措。

同时，对民办非营利医疗机构，应当放松要素供给约束，解除供给抑制。例如，在土地方面，认真贯彻落实"非营利性民办医疗机构可以通过行政划拨方式取得土地使用权"的规定；在资金方面，理清不同注册形式的民

营医院的融资资格，鼓励以合规合法的金融创新为民营医疗机构融资，鼓励通过捐赠等慈善融资的形式为民营医院提供资金支持；在税收方面，对于非营利性医疗机构，政府应当给予更大力度的税费减免，以及必要的财政支持；在人才方面，通过适当的方式，将医疗教育资源、学术资源向非营利性民办医疗机构开放（营利性医疗机构可有偿使用），以此来促使高端医疗人才正常有序流动。

（二）充分发挥民营医疗机构重要作用，提升供给质量

尽管中国民营医疗机构数量已经接近 1.5 万家，占比超过 50%，但其承担的诊疗数量与其庞大的机构数远远不相称。2015 年，民营医院承担的门诊量只有公立医院的 13.7%，承担的入院治疗数量只有公立医院的 17.2%。患者不愿意选择民营医院就诊的根本原因还是多数民营医院的业务水平和管理水平让患者不信任。欧美等发达国家和地区的情况与国内不同，私立医院往往是优秀医疗质量的代表，比如美国的梅奥医学中心、英国的惠灵顿医院等。

自医疗体制改革以来，国家和卫生主管部门已出台多项政策支持和鼓励社会资本办医，在准入审批、设备购置审批、科研立项等方面破除政策瓶颈，对社会资本办医发展起到了很好的推动作用，但在某些关键政策领域还需要更多支持。比如，合理放开社会办医，扩大医保定点范围，让民营医院能够通过公平竞争和审核，获得医保资格。

此外，民营医院提高有效供给能力，既不能只注重低端数量扩张，也不能只依靠"挖角"公立医院人才，而必须重视自身医护人员的培养和科研能力的提升，引进海外中高端人才，配置先进医疗器械，提升服务水平，赢得患者信任。

（三）全面落实分级诊疗，改善医疗供给结构，疏通医疗经络

从 2009 年我国启动医改至今，群众看病难、看病贵的问题仍很突出。一边是大医院人满为患，一边是小医院门可罗雀；一边是大城市过度医疗，一

边是小地方缺医少药；一边是公立医院资源紧张，一边是民营医院资源闲置。针对上述问题，当前医疗改革的当务之急是解决"经络不通"的结构性问题。

分级诊疗的核心就是通过转诊制度、复诊制度、信息共享机制等，疏通大医院、普通医院、专科医院、基层医疗机构之间的经络，实现资源互通，连成一个有效的医疗网络。患者只要进入这个网络，就能够根据其疾病的轻重缓急得到适当的诊疗。

全面落实分级诊疗，应当贯彻国务院《关于推进分级诊疗制度建设的指导意见》，确保到2020年基本建立符合国情的分级诊疗制度。首先，注重加强基层医疗机构的软硬件设施，提高基层医护人员的薪酬水平，吸引医护人员向基层流动；其次，强化基层全科医生等人才培养，提高基层医生的医疗技术水平，从而消除患者对"基层首诊"的排斥心理，提升患者对基层医疗机构的信任度，进而能够放心地到基层医疗机构诊治常见病、慢性病和多发病。更重要的是，要打通"经络"，尽快整合共享医疗资源，建立以三级医院为核心的医疗联盟体制，加强转诊机制、信息共享机制等建设，让患者在转诊中减少重复检查，少跑冤枉路，实现资源共享、诊疗互认、分级互通。

此外，疏通医疗经络，还需要加强宣传教育，引导患者树立科学合理的诊疗理念和诊疗习惯。三甲医院人满为患，除了基层医疗机构实力不足，难以赢得患者的信任，还有一个原因是很多患者缺少科学合理的诊疗理念和诊疗习惯，盲目迷信大医院，主动选择"小病大治"，造成医疗资源的浪费。目前许多患者就诊存在着经常换医院、换医生的问题，重复看病、重复诊疗，这是对医疗资源的极大浪费。同时，由于诊断治疗缺乏连续性，造成医疗责任缺失的现象。通过推行家庭医生制度，可以逐步树立科学合理的诊疗理念和诊疗习惯，提高医疗资源的使用效率，减少浪费。

最后，进一步破除特权医疗，也是医改"疏经络"的重要方面。在中国医疗资源供给总体不足的情况下，"特权医疗""豪华干部病房"占用大量、高端的医疗资源，不仅导致普通患者能够得到的医疗资源供给被进一步压缩，而且"干部小病就去三甲，群众大病才能进医院"的落差，也使得分级诊疗等措施难以被群众接受，成为医改的重要障碍。因此应当进一步破除特权医疗，实现医疗资源的公平有效配置。

四、构建"三维医疗评价体系"和医疗行业退出机制

当前我国的医疗机构评价体系单一，对患者就医的指导性不足；评价机构或缺乏独立性，或缺乏公正性，不能全面反映医院的真实服务水平；监管机构往往只是事后"亡羊补牢"，难以做到防患未然。

英国设立最早的医疗机构认证评价组织是英国健康质量服务机构（HQS），该机构注重从过程、人员、结果和环境四个关键领域改善服务质量。为改进医院服务质量，英国卫生部近年开展"星级医院评审"，评审不考虑医院规模大小与技术高低，共包含9项关键指标，根据医院达标情况不同，将医院服务水平由高到低分为三星级、二星级、一星级医院。

日本在构建医疗机能评价机构方面也拥有丰富经验。最初由政府建立自我评价性的医院机能评价机构，进一步发展为事业单位性质的拥有独立法人地位的第三方评价机构，即医疗机能评价机构。在此期间，日本分别制定了医疗、管理和护理等领域的基本评价标准。目前日本的评价体系专注三种评价工具：临床指标、患者评价医疗的调查标准、第三方评价标准。

中国医疗机构评价体系的构建可以借鉴英国、日本的相关经验，结合本国实际情况，尽快形成"政府、患者、第三方"共同参与的"三维评价体系"和行业退出机制。

医政监管部门应当着手建立覆盖医疗服务全过程的医疗监管体系，从事前宣传，到事中诊断治疗，再到事后服务，全面跟踪评价。比如，对全国所有医院进行定期的"临床医疗质量分级评审"，并及时向社会公布评价结果；引入医疗机构不良执业行为记分制度，明确不良执业行为的记分办法和记分标准。

应强制各医院建立适当的患者评价和投诉机制，解决医患关系中的信息

不对称和权利不平等的问题，为患者提供更公平的反馈及表达诉求的渠道，使医患矛盾通过合规合法的机制解决。

对于第三方评价机构，应遵循独立、透明的原则，杜绝花钱买排名等虚假宣传行为。借鉴发达国家第三方评价机构相关经验，中国市场化的医疗评价机构应公开评价标准，杜绝暗箱操作；坚持专家评审与社会公众评价相结合；围绕诚信体系、医疗质量、医疗安全、医疗服务等内容进行综合评分。目前中国已经出现部分市场化第三方评价机构，比如中国非公立医疗机构协会，其构建的安全评价体系和诚信建设体系，将信用等级分为3A、2A、A、B、C五个等级，星级评定分为三星、四星、五星级单位，对非公立医院定期发布评价。但总体看，中国第三方评价机构的社会认可度和权威性仍有待提高。

一方面，对于医疗水平、责任心和服务态度好的医疗机构及医护人员，要形成"优质优价"的医疗服务价格形成机制；另一方面，在客观、公正、全面评价的基础上，医政监管部门应强制推行医疗机构"退出机制"，对于长期低于一定水平的医疗机构应予竞争淘汰。综合临床医疗质量、患者评价、第三方机构等三方面数据，对于不合格医疗机构，应坚决注销其《医疗机构执业许可证》，为优质医疗资源的进入提供空间。

五、围绕医护人才培养，多举措激发医者活力

医疗服务的核心资源是医疗技术人员，而我国目前医疗人才供给仍然不足。医疗技术人员培养成本高、时间长，工作压力大，职业性价比较差，对优秀人才缺乏吸引力。医学院出现招生难、生源质量下降的情况，医务人员转行流失的现象也比较严重，目前儿科、产科、传染病学科、精神学科等基本学科都出现了人才不足甚至断档的问题，如果指望通过降分招收的生源来补充和改善医疗人才队伍，中国医疗事业的未来令人担忧。

目前医疗服务领域对人才供给的约束主要体现在三方面：第一，十多年前部分医学学科设计、医学院校招生和人才培养缺乏前瞻性，导致当前医学

人才不足。例如，由于儿科等专业成本高、风险大、收入低，部分医学院、医院不设儿科，导致目前普遍二胎的政策环境下儿科人才极大短缺。第二，分配机制扭曲，使得已经进入的资源无法得到合理报酬，导致人才流入不足甚至流出。第三，医疗人才合理流动存在制度障碍。如公立医院的事业单位体制和人员编制管理，束缚了医务人员的流动。

建立医护人才培养的长效机制，首先，需从医学教育入手，调整规划和安排，重视儿科、精神医学、助产等学科人才培养，扭转急需科室人才不足现象。其次，提高医疗专业人才待遇，提升社会对医生职业尊重度和医生职业荣誉感。最后，稳步推进和规范医师多点执业，放宽条件，简化程序，优化医师多点执业政策环境，搞活用人机制。

医疗行业作为中国供给侧结构性矛盾最为突出的领域，其实暗藏着巨大的改革空间。正确应用供给侧结构性改革的原理，深入推进医疗供给侧改革，就能够使医疗行业的整体服务水平迈上一个新台阶，更好地满足人民对美好生活的需要！

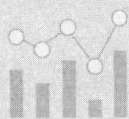

第五章

找准新时代地方政府定位，
发力营造新红利的营商环境

　　十八届三中全会明确提出要让市场在资源配置中发挥决定性作用，同时让政府更好地发挥作用。而在实践中如何让地方政府更好地发挥作用呢？既不干扰企业正常运行，又跟地方经济增长高度正相关——抓营商环境建设是一个非常好的切入点！全面客观地评价各地营商环境，把营商环境作为高质量发展的重要指标，是新的经济背景下转变政府职能，推动经济结构转型的有利手段。那么31个省级行政区的营商环境排名如何？在硬环境和软环境的各类分项指标方面与人们的直观印象有哪些不同呢？

第一节　既要重视硬环境，更要在软环境上实现新突破

发展传统制造业需要的是丰富的自然资源、便利的基础设施等硬环境；而工业社会后期，随着软性制造和软产业的比重提高，创造软价值所需要的软环境变得越来越重要。在这样的新时代背景下，为了实现经济高质量发展，满足人民对公平正义和美好生活的需要，我们应着手构建新的营商环境评估体系，在继续改善硬环境的同时，力求在软环境的建设上实现新突破。

一、软环境：中国的新区、高新技术区要向硅谷学什么

中国的很多新区、高新技术区都想成为"中国的硅谷"，但是却只会改善硬环境，而不知道如何改善提高软环境。其实，硅谷成功的关键，在于其独特的软环境。**所谓软环境，是指培育软产业、创造软价值所需要的非物质环境，主要包括法律环境、政策环境、融资环境、人才环境、文化环境、生活环境。**

硅谷并没有蕴藏大量的矿产资源，亦缺乏廉价劳动力。从硬财富创造的角度来看，这里并不具备比较优势。但是，如果从科研经济和软价值角度看，情况就大不一样了，它具备一系列发展科研等软产业的优势条件，构成了创新企业成长所需要的独特"软环境"。

从法律环境方面看，加州戴维斯大学法学教授、加州国际法研究中心主管 Anupam Chander 认为，硅谷在互联网时代的成功，归因于美国版权法和侵权法的关键实质性改革，这项改革极大地降低了硅谷孵化新的全球贸易商所面临的风险。具体而言，**20 世纪 90 年代旨在减少互联网平台对于第三方责任的担忧以及降低隐私保护程度的法律改革，为后来以 Web 2.0 著称的新兴**

公司的崛起提供了一个宽松的法律生态系统。

相比之下，**在欧洲和日本，过于严格的知识产权保护和隐私侵权法，反倒阻碍了互联网初创公司的发展**。例如，谷歌和雅虎正是出于对日本版权法可能会宣布搜索引擎违法的担忧，才将服务器安置在日本境外。出于对法律环境的考量，日本计算机科学教授会建议他们的学生，在日本之外发布所开发的电脑软件。英国前首相卡梅隆也曾暗示，根据英国版权法，谷歌的搜索引擎可能是违法的。显然，这样对创新不够友好的法律环境是不会诞生硅谷的。

从政策环境方面看，在硅谷的发展中，政府这只"看得见的手"没有"越位"发挥作用，而是让各种生产要素、创新要素自由流动、自由组合，致使各种新技术、新产品、新业态迅速迭代，过时的技术、产品和产业自然退出，从而保证硅谷始终充满活力。例如，硅谷最初的"黄金产业"的确是以硅为基础的半导体制造业，但是当日本、中国台湾、韩国等国家和地区的企业以更低成本加入竞争，美国本土半导体企业显出"衰落"迹象时，政府并没有挽救和干预，而是让这个过程自然发生和演进。其结果是，随着技术的进步，硅谷实现了整体"由硬到软"的转变，更能发挥创造性思维价值的软产业，如互联网、人工智能、大数据、生物医药等不断兴起，让硅谷始终立于世界软产业创新的潮头。

在税收方面，在美国，初创公司除了给员工缴纳医疗保险外，一般就只有所得税，没有营业税、增值税、城建税、教育税等赋税条目。也就是说，创业公司不赚钱不缴税。这样可以相对有效地缓解创业者的资金压力。

从融资环境方面看，全世界风险投资的圣地——门罗公园就位于硅谷附近，这里集中了全美一半以上的风险投资。风险投资推动了硅谷创新企业的发展，而创新企业的高速成长也为风险投资带来了更多的资金和投资者，这种良性互动是世界上任何其他创业园区所不能比拟的。

从人才环境方面看，硅谷软环境最重要的基础，就是包括斯坦福大学、加州大学伯克利分校、圣克拉拉大学和圣何塞州立大学在内的 8 所大学、9

所专科学院、33 所技工学校和 100 多所私立专业学校。其中斯坦福大学所发挥的作用更是不可替代。斯坦福不仅仅是硅谷发展的土地提供者，更重要的是，它为硅谷源源不断输送着科学家、技术人员、企业家和创意天才。据说，在硅谷，有 5000 个公司的起源可以追溯到斯坦福的创意、教职工或者学生。曾任斯坦福大学校长的约翰·亨尼西说过，创业精神是斯坦福大学最根本的精神气质。如果大学的知识只是停留在大学的围墙之内，而不能取得更广泛的社会影响力，就会阻碍研究者创新的动力。

从文化环境方面看，鼓励创新、容忍失败、鼓励"单飞"创业等观念在硅谷长盛不衰，自从著名的"八个叛徒"从仙童半导体公司出走，开创了英特尔公司开始，有想法的员工跳槽离开原来的公司，另起炉灶打天下，就成为这片土地的通行规则，甚至出现了加州政府因为苹果、谷歌、英特尔和 Adobe 四家公司互相不挖角而起诉他们的"奇闻"。地方政府之所以这么做，就是要促进各公司之间的人才流动，防止人力资源僵化、板结，阻碍创新。

从生活环境方面看，硅谷背靠太平洋海岸山脉，面对旧金山湾，地理位置优越，环境优美。硅谷属于地中海气候，接近温带海洋性气候区，温暖湿润。硅谷的创业者和知识精英，可能来自中国、印度，也可能母语是西班牙语、日语，但是在这一段长约 25 英里的谷地上，英语成为他们的共同语言，最大程度上减少了沟通的成本。

二、软环境建设：老工业区转型的关键

东北一度是中国工业化程度最高的地区，这在很大程度上得益于东北完善的能源、资源、交通等硬环境。而近几年东北却出现了经济增速显著放缓、企业转型困难、人才持续流出的恶性循环，其主要原因就在于软环境。具体而言，在法律环境方面，缺乏尊重产权和契约的法律意识，侵犯企业家权益的现象时有发生；在政策环境方面，缺少公正透明的环境和服务意识，利用职权吃拿卡要和刁难企业的报道时常见诸媒体；在融资环境方面，社会信用环境差，企业融资成本高；在人才环境方面，高素质人口持续流出，导

致创业创新缺少足够的智力资源；在文化环境方面，依赖体制、求稳求安；在生活软环境方面，相比于北欧、加拿大及美国北部等同纬度的地区而言，人情关系、老式的民风民俗等十分不利于新经济的发展。2017年底，接连曝出的"亚布力事件"与"雪乡事件"，成为软环境短板导致东北经济发展滞后的现实注脚。

提升软环境，不仅是振兴东北经济的关键，也是全国各传统工业区实现经济转型升级、高质量发展的迫切要求，更是满足人民日益增长的美好生活需要，促进社会公平正义，增进人民福祉的必然选择。为了更好地推动软环境建设，需要构建新的营商环境评估体系，适当提高软环境的权重，从法律环境、政策环境、融资环境、人才环境、文化环境、生活环境几个维度全面评估一地的营商环境发展状况。

一个完整的营商环境包括硬环境和软环境两个方面，软硬两个方面的比重是动态变化的。在工业化早期阶段，硬环境通常占了较高的比重，而在工业社会后期，随着软性制造和软产业的比重提高，创造软价值所需要的软环境变得越来越重要，在营商环境中的占比也应动态提升。为了适应新时代经济高质量发展的要求，大力培育新动能，推动新旧动能转换，应进一步转变政府观念，创新体制机制，将营商环境评价体系纳入对地方政府的考核，加大对软环境的考核权重。

三、在软环境建设上实现新突破的政策建议

国务院常务会议指出，优化营商环境就是解放生产力、提高综合竞争力，软硬环境都重要，硬环境要继续改善，更要在软环境建设上不断有新突破。我们认为，改善软环境应当从以下六个方面着手：

一是营造创业、创新友好的法律软环境。加大法制宣传和执法力度，对于恶化营商环境的各种行为和现象，如破坏市场秩序、侵犯知识产权、侵害企业合法权益，进行严厉惩处。在公司的创设、税收、社保等方面，降低门槛，减轻负担。对包括知识、信息、文化娱乐等软产业减少不必要的限制和

管制，鼓励创新与创业。

二是政府应适应软环境营造者的新角色，进一步优化政策环境。应正确处理好政府与市场的关系，提高政策透明度和政策执行力，为企业家和创业者搭建起"海阔凭鱼跃，天高任鸟飞"的宽广大舞台。深入推进"放、管、服"，对乱收费、乱检查、乱罚款、懒政惰政等，进行严厉惩处。要破除行政垄断，为企业营造公平竞争的良好生态；研究出台扶持创新创业的相关政策，如给予一定的税收优惠等，降低创业、创新和运营的制度成本，激发企业家的创新精神和创业热情。

三是营造与软产业、新经济对接的融资软环境。以软价值、软资产等为基础的创业企业，几乎没有硬资产可以抵押，很难从传统银行获得资金支持，这也是目前国内软产业和新经济企业融资难的根本原因。因此，政府要有针对性地研究制定外汇、税收、资本市场等多个方面的政策，增加风险投资、绿色金融、普惠金融等新金融供给，为创新创业提供高效的资本和资金支持，使得各种发明创造可以无障碍地获得全球资本的支持并在全球资本市场兑现价值。

四是营造具有吸引力的人才软环境。软价值创造的核心来自于创造型人才在知识、文化、信息、金融等领域的创造性有效投入因子，因此吸引全球创造型人才是软环境建设的重要方面。在土地、资金等政策资源上向教育、科研机构大力倾斜，同时鼓励社会力量建立新型教育、科研机构，完善创造型人才实现其创意创新的配套资源，使创造性思维顺利转化成技术、产品和商业模式，营造具有强大吸引力的、能够聚集各类智力资源的软环境。

五是在文化软环境方面，营造适宜企业生长的"创新创业雨林"。引导全社会关注各地软环境建设，形成改善软环境政府责无旁贷、公民人人有责的社会氛围。从工商、土地、户口、社保、人事等方面为企业提供创新创业便利，鼓励人才流动，鼓励科技成果转化，鼓励大企业内部创业，建设更加自由开放的文化氛围，营造"创新创业雨林"式的文化软环境。

六是为创新创业人才提供有吸引力的生活软环境。既要有优美的自然环境，同时政府还应为各类人才特别是青年创业者和科技工作人才提供他们所急需的教育培训、医疗保健、文化娱乐等配套生活条件，打造全球创新创业人才引得来、留得住、干得成的乐园。

在工业化阶段，以自然资源和基础设施为主的硬环境发挥了重要的历史作用。而在工业化后期的软价值时代，以法律环境、政策环境、融资环境、人才环境、文化环境、生活环境为核心的软环境建设，不仅将大力推动新经济、新动能的形成和扩张，而且将更好地满足人民对美好生活的需要和对公平正义的追求。

第二节　中国营商环境全景透视

2018 年 12 月中央经济工作会议提出，建立公平开放透明的市场规则和法治化营商环境。按照国务院常务会议关于"优化营商环境，软硬环境都重要，硬环境要继续改善，更要在软环境上有新突破"的精神和要求，万博新经济研究院从硬环境和软环境两个方面，对 31 个省级行政区营商环境进行了综合评估。评估结果表明，各地营商环境的得分、排名与其经济总量和变化密切相关。

一、各省级行政区的营商环境呈现出显著差异

营商环境是决定地方经济竞争力的重要因素。从万博营商环境指数评估结果来看，中国各省级行政区的营商环境呈现出显著差异：东部地区优势明显，处于领跑地位，中部地区次之，而西部地区营商环境建设相对薄弱，排名位于全国后三分之一，总体呈现出"东高西低"的格局，与企业家的直观感受基本一致。

如图 8 所示，在万博营商环境指数前 10 名中，东部地区占了 9 席，河北排在了第 12 位，海南排名相对靠后，暂居第 21 位。中部地区 8 个省级行政区，排名分布在中游，在第 10 名到第 22 名之间，湖北是唯一跻身全国前 10 的中部省级行政区，安徽紧随其后，在中部地区排名第 2，全国排名第 11 位。西部省级行政区营商环境相对薄弱，有 9 个省级行政区排在了全国后 10，但是也有 3 个省级行政区跻身中上游行列，陕西、四川和重庆分别排在第 13、第 14 和第 16，具体排名见本章第五节表 4。

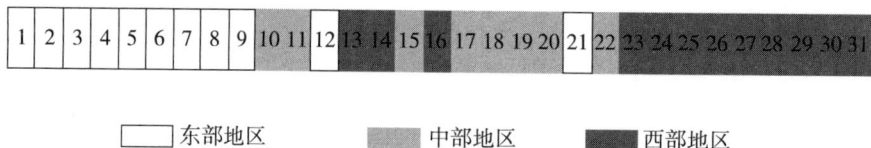

| □ 东部地区 | ▨ 中部地区 | ■ 西部地区 |

图 8　东部、中部、西部地区的营商环境排名分布情况

二、各省级行政区硬环境的差距在缩小，软环境的差距有拉大趋势

如图 9 所示，衡量营商环境的两个维度——软环境指数和硬环境指数满分为 100 分，软环境指数的最高分与最低分之差高达 76.51，而硬环境的最高分与最低分之差只有 49.82，各省级行政区硬环境分差比较小，软环境分差比较大。

这说明，经过数十年工业化发展，各省市区均比较重视硬环境建设，在进行硬环境建设上已经积累了相当的经验，有了相对成熟的发展方式，东部省级行政区与中西部省级行政区虽然还存在一定差距，但差距确实在逐步缩小。而软环境的差距仍然较大，虽然部分省级行政区已经实现了软环境上的突破，比如北京软环境指数得分高达 92.72 分，但是仍有超过三分之一的省级行政区，得分不足 40 分，且各省级行政区之间软环境的差距有拉大趋势（具体排名和得分见本章第五节表 4 和表 5）。

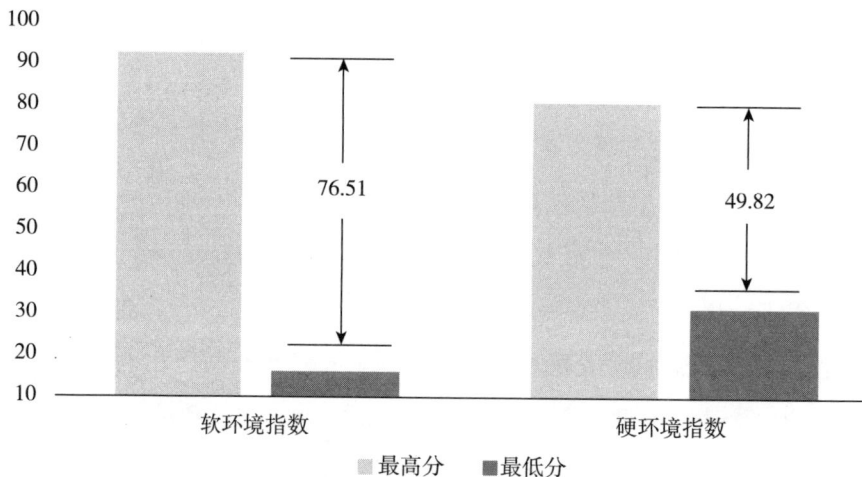

图 9　各省级行政区硬环境指数与软环境指数分差对比

三、实现经济高质量发展，金融、技术、人才三大软环境优化是关键

如图 10 所示，通过营商环境的七个细分指标（自然环境、基础设施、金融环境、人才环境、技术创新环境、文化环境、生活环境）与经济规模进行相关性分析，软环境中的金融环境与经济规模的相关性最高，高达 0.8，技术创新环境、人才环境次之，相关性在 0.7 及以上。近年来各地均在抢资金、抢人才、抢技术，在金融、技术和人才环境的提升方面展开了激烈竞争，将其作为经济发展的重要突破口，这更多的是地方政府实践的经验。而从万博营商环境的统计规律来看，也印证了金融环境、技术创新环境和人才环境对经济发展的关键作用。

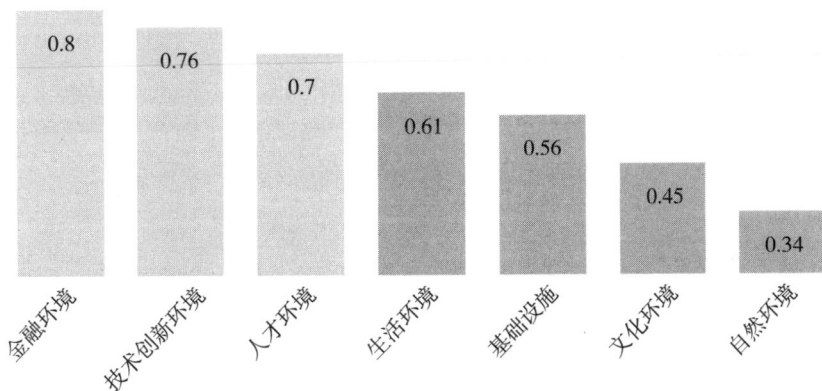

图 10 营商环境细分指标与经济规模的相关性

四、东部领先省级行政区营商环境竞争激烈，不日进则日退

如本章第五节表 4 所示，从营商环境的分差来看，东部地区营商环境得分第一，上海与得分第五的广东，相差仅 7.73 分，排名前五的沪、京、苏、浙、粤在营商环境建设方面竞争激烈，各有特色。

上海在软环境和硬环境建设方面优势明显，其中高速公路密度、基础教育的人才穿透度、金融网点密度、文化事业机构密度等 12 项指标均位居全国第一，实现了发展有资金、创新有人才、生活更便利的良性循环。

而北京在软环境建设方面尤为突出，在 24 个软环境单项指标中 21 项位

居全国前五。江苏省优势最为明显的是技术创新环境和人才环境，两个指标均居全国第一。浙江的硬环境指数位居全国榜首，在11项硬环境三级指标中，有6项指标位列全国前五。而广东作为全国社会融资规模增量第一大省，金融环境排名全国第一，在直接融资和间接融资方面优势明显，上市公司数量和金融机构资产规模均为全国首位。

这些省级行政区对资金技术、高端人才、先进产业的争夺非常激烈，在营商环境，尤其是金融环境、人才环境和科技创新环境等软环境方面呈现出不日进则日退的赶超态势。

表2　苏、浙、粤营商环境分析

省份/指标	排名全国第一的细分指标	表现突出的单项指标	有提升潜力的单项指标
江苏	人才环境	大学数量	外资利用度、小学密度
	技术创新环境	技术市场活跃度	
浙江	基础设施环境	宽带普及率	重点大学数量、小学密度
		公共交通设施	
广东	金融环境	上市公司数量	基础教育人才穿透度、人均教育支出
		金融机构资产规模	

五、中部崛起具备了一定的营商环境基础，龙头效应已显现

中部地区大部分省级行政区在基础设施、金融环境、人才环境、技术环境等营商环境细分指标的排名基本收敛于中上游水平，具备进一步优化提升的基础。比如在金融环境指标来看，中部地区的各指标均有省级行政区名列全国前十。其中，外商进入程度单项指标，安徽和江西均跻身全国前十，河南的金融机构网点密度指标也排名全国第八位。从技术环境的细分指标来看，专利受理指标方面，安徽排名全国第六位，已经跻身领先行列；高校数量上，湖北省排名第五，安徽省排名第八，显示出教育和科研资源的良好基础。

在中部地区各省级行政区中，湖北、安徽两省营商环境指数排名遥遥领

先，龙头效应开始显现。其中湖北省跻身全国前十，在人才环境、文化环境方面优势明显，均位列中部地区榜首，其中轨道交通运营线路长度、技术市场活跃度、研发人员等指标均位列中部地区第一。安徽同样表现抢眼，在万博营商环境指数排名中，虽然安徽没有进入全国前十，但是其基础设施、金融环境、技术创新环境、生活环境方面位列中部地区榜首，优势非常突出。若能在民营经济活跃度、文化教育支出、学术文化等方面持续发力，营商环境指数排名有望跻身全国前十，成为中部地区最牛"黑马"。

六、西部地区呈现"马太效应"，强者愈强，弱者愈弱

西部省区营商环境指数分布差异较大，经济文化社会发展程度较高的省市，例如陕西、四川和重庆，无论是在基础设施建设等硬环境方面，还是在技术创新环境和金融环境等软环境建设上，均已跻身全国中游，部分指标甚至逼近全国前十行列，具备了较好的发展基础，是西部发展的"领头羊"。但大部分西部省区市的软硬环境各项指标均排名靠后，呈现出强者愈强、弱者愈弱的"马太效应"。比如大部分省级行政区的基础设施建设滞后明显，软环境中的金融环境、技术环境、人才环境等方面，也基本分布在指数列表的后半段。

第三节　聚焦营商环境的优势与短板，
助力地方经济转型发展

提升营商环境，各地方要全面、客观、科学地评估自身营商环境的优势和短板，精准施策，持续发力。

一、东北振兴：艰难转型中的营商曙光

黑龙江、吉林、辽宁都是传统的重工业基地，资源依赖型产业亟待转型，而"投资不过山海关"的舆论近几年对东北地区吸引新产业、新业态产生了一定的负面影响。从营商环境指数的评价结果来看，与人们的传统印象有一定差异的是，辽宁正在打破"投资不过山海关"的局面，其营商环境指数位居全国第9位，是三大东北老工业基地艰难转型中营商环境改善的曙光。受益于多年工业化的基础设施建设和人才、技术积累，辽宁在高速公路密度等基础设施建设，专利授权量、技术市场活跃度等技术创新环境，上市公司数量、金融网点密度等金融环境，大学数量、高学历人口结构等人才环境方面，在东北三省中均体现出明显优势，为经济转型奠定了良好基础。

表3　东北三省营商环境指标得分对比

具体指标	高速公路密度	技术市场活跃度	上市公司数量	金融机构网点密度	大学数量	高学历人口结构	文化事业机构密度	卫生机构密度
黑龙江	0.27	1.16	0.83	0.68	0.97	2.23	0.32	0.24
吉林	0.53	2.45	1.24	0.97	0.55	2.42	0.58	0.48
辽宁	0.87	2.97	1.86	2.23	1.45	2.71	1.16	1.28

二、能源重化省份：由硬到软的蜕变

除了东北三省，河北、甘肃、山西等能源重化省份也面临转型压力，亟待完成由硬资源消耗到软环境驱动的蜕变。

河北省的钢铁等重工业超负荷发展，一度造成了严重的大气污染和水污染问题。在大力压缩落后产能、治理环境污染、提升硬环境的同时，也要看到在软环境方面的相对优势和急需补齐的短板。河北省的金融环境指标和人才环境指标，在全国分别排名第13位和第12位，技术创新环境也有一定基础，在全国排名第17位。河北省可以从这三项入手，在软环境建设上有所创新、有所突破。另外，河北省文化环境指标的短板十分明显，在全国排到第30位，对软环境指数和整体营商环境指数的拖累很大，补上这一短板迫在眉睫。

甘肃一直是以石油工业、有色冶金为主的西北工业基地，但随着重工业转型升级压力越来越大，软环境建设却没有跟上，高学历人才数量、金融服务易得性、专利研发能力指标仅排名第31位、第27位和第25位，经济发展瓶颈有待突破。而煤炭大省山西虽在金融机构网点密度、金融机构资产规模方面具有相对优势，但在技术创新环境、人才环境、文化环境等方面均处于劣势，有待进一步加强。

三、硬资源配合软环境，沿边省级行政区的后发优势有望显现

相比于资源接近枯竭的省级行政区，内蒙古、宁夏仍有较为丰富的资源，叠加在"一带一路"上的区位优势，体现出一定的后发优势。作为"丝绸之路"上内陆开放型经济试验区，宁夏是面向中亚、西亚国家，拓展贸易物流的重要通道。从万博营商环境指数结果来看，宁夏在人才方面已经有一定基础，高学历人口占比居全国中等水平，但在金融环境方面，直接融资和间接融资均较为落后，截至2017年底，上市公司数量仅有13家，金融机构营业网点资产总额不足万亿元。未来宁夏化工业和纺织业等产业进行国际市场拓展时，还需要加强金融环境的支持。

内蒙古营商环境指数位列西部地区第 7，软环境指数位居西部前 5，其中文化环境对软环境指数的拉动作用不可忽视。内蒙古文化环境排名全国第 11 位，这是很多人没有想到的，细分指标高学历人口占比排全国第 6，同时内蒙古的私营经济活跃度和人均文教开支也在全国前 1/3 左右，造就了内蒙古较好的文化环境。但基础设施仍存在较大短板，仅位列全国第 25 名。内蒙古拥有丰富的煤炭和天然气资源，在区位上联通俄罗斯和蒙古，具有明显的沿边优势，如果能在基础设施建设上进一步加大力度，同时加强金融环境和技术创新环境建设，有利于内蒙古更好地发挥区位和资源优势。

类似的，广西也具备向东南亚开放的区位优势，新疆则是向西开放的必经之路。这些省区如果能及时补上营商环境的短板，有望更好地发挥通道、平台和桥头堡的独特区位优势。

四、河南、海南独特优势未充分发挥，改善营商环境，"两南"经济有望实现质的突破

从东部地区来看，海南拥有最为优越的自然环境和地理条件，硬环境建设与东部其他省份并没有明显差距，但是软环境的差距相对明显。近年来中央在政策上也多有倾斜，从软环境的二级指标来看，海南省的金融环境、文化环境和生活环境在全国基本处于平均水平，具备了一定的发展基础。但技术创新环境和人才环境得分较低、技术创新慢、人才匮乏成了经济发展的掣肘。人才环境指标在全国排名几乎到末尾，技术创新环境中的技术市场活跃度、专利授权仍处于较低水平，大学数量和高学历人员在基础教育的就业穿透程度指标也排名全国后 5。这从一个侧面反映了海南人才环境的滞后，也是海南提升营商环境的突破口，如果能够补齐短板，未来经济发展的潜力巨大。

在人口红利逐渐褪去的后工业化时期，中原大省河南的劳动力优势尤为明显。但在中国经济规模前 10 的省份中，河南的营商环境指数得分最低。硬环境指数位列全国后 10 名，软环境指数也未进入全国前 15。这一方面说明，

河南省在较为薄弱的营商环境下取得了良好的经济发展成果；同时也反映出，其软硬环境如果得到有效改善，经济发展还有很大的潜能。从二级指标来看，与经济规模前 10 省份的平均分相比，河南省在文化环境和人才环境方面差距最大，基础设施次之。从三级指标来看，在文化和人才环境方面，研发人员数量、重点大学数量、高学历人口结构、市场竞争文化几个指标提升的空间最大。

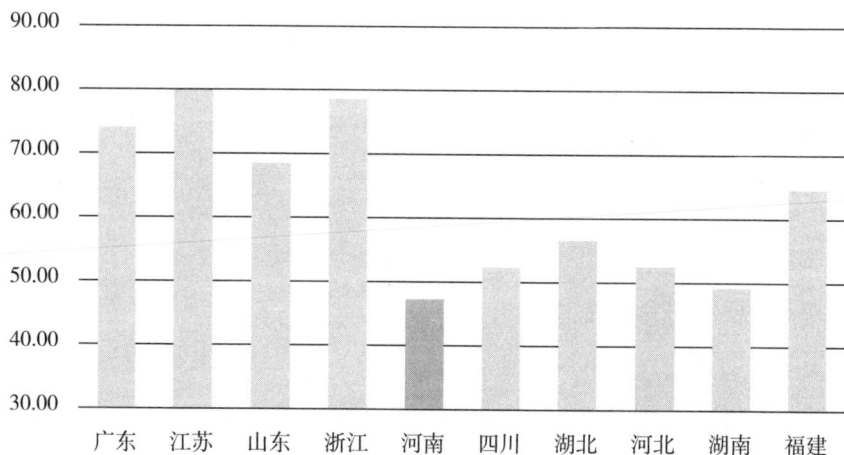

图 11　经济规模排名前 10 省份的营商环境指数

五、云贵高原承接东部产业转移，软硬环境均大有可为

云贵高原多以山地为主，经济发展相对滞后，营商环境基础也比较薄弱。云南省有丰富的自然资源、独特的区位优势，自然环境指数高居全国榜首，但基础设施指标仅列全国第 30 位，金融和人才环境也排在全国后 10 位，在一定程度上制约了云南资源优势的发挥和工业化发展。

贵州近年来大数据产业发展较为引人注目，人才环境得分排名全国第 15 名，在西部地区位居前 3，但技术创新环境的得分在全国排名第 24 位，明显落后，如果不能补起这方面的短板，在今后的工业化和新经济发展中可能会面临后劲不足的问题。

面对东部沿海产业转移的机遇，云贵高原若能在软硬环境上与时俱进，进一步加强传统交通和现代信息基础设施建设，优化软环境，则有望更好地承接长三角、珠三角产业转移，加速工业化进程。

六、沿海地区硬环境更具优势，闽津鲁软环境改善仍有潜力

根据万博硬环境指数评价结果，中国 31 个省级行政区域中，排名前 5 的分别为浙江、上海、江苏、天津和福建，均为沿海省市。排名前 10 位的省市大多在沿海地区，体现了地理位置的优越性在硬环境建设方面的先发优势。浙江、上海、江苏软硬环境齐头并进，而福建、天津等省市的软环境则有待加强。

在硬环境指数中，福建的自然环境和基础设施优势突出，其中森林覆盖率高达 65.95%，位居全国首位，宽带普及率为 93%，排名第 4 位。但软环境中的人才环境仅列全国第 19 位，其中，大学数量、基础教育人才穿透度、研发人员等均与其他发达区域有一定差距，高学历人才存量指标差距最大。如果福建能够补上人才短板，加大培养、留住和吸引人才的力度，软环境排名有望更进一步。

天津的基础设施排名全国前 3，软环境中人才环境方面，天津拥有天津大学和南开大学等知名高校，但是从绝对数量上，在全国仅排名第 24 位，私营经济活跃度也排在了全国后 10 位，还有进一步提升的空间。

山东具有良好的经济基础，经济规模位居全国第 3，金融环境、技术创新环境和人才环境表现尤为突出，均排名全国前 5。其中，专利受理数量和技术市场活跃度指标均排名全国第 4，外资利用度指标排名全国第 2，人才环境中大学数量、研发人员数量分别位居全国第 3、第 4。对标江浙，山东在文化环境上仍有较大潜力。与全国营商环境排名前 10 的平均水平对比，虽然山东的大学总量也位于全国前列，但重点大学数量指标在全国排名未进前 10，在人均文化与教育支出、高学历人口占比、市场竞争文化方面也有进一步提升的空间。

七、西部龙头陕川渝，营商环境提升在行动

陕川渝在西部地区的营商环境排名中表现突出，处于全国中上游水平。其中，四川的技术创新环境、金融环境、人才环境均位列西部第1，全国前10，最为突出的是专利受理数量、研发人员数量指标，在文化环境上则存在一定的不足。

陕西的文化环境在西部地区居首，技术市场活跃度指标、重点大学数量等单项指标均位居全国前列，西部第1，在基础设施建设上仍有进一步提升的空间。

重庆的基础设施环境位列西部地区首位，其中高速公路、金融机构网点密度等单项指标位居西部地区第1，显示出了对于新经济发展所需基础设施的高度重视，但在人才环境方面排名第29位，主要原因是高学历人口占比较低、高学历人才在基础教育的穿透程度也较差，需要进一步培养和吸引更多的人才来渝发展。

第四节　优化营商环境，需直面企业的关切点

中国经济进入高质量发展阶段，在淡化 GDP 考核之后，地方政府如何找准角色，创造性地落实中央的政策和部署，保持经济在合理运行区间，又避免对市场经济过度干扰，抓营商环境建设是一个非常好的切入点。以提升和改善营商环境作为地方政府的发力点，有利于更好地发挥地方政府作用，推动经济高质量发展。

一、因地制宜，补齐硬环境短板

良好的自然生态环境和完善的基础设施环境是企业投资选址的基础考量因素。生态环境方面，各地方政府在进一步践行"绿水青山就是金山银山"理念的同时，需要更加注重方式、方法的选择，依靠更加市场化和法治化的办法，争取空气质量、水污染治理等相关指标早日实现趋势性好转。基础设施方面，机场、铁路、桥梁等设施建设，是市场实现物理联通，货物实现远距离销售的重要条件。如果铁路运力不足、电力供应紧缺等问题长期得不到解决，则会制约大部分工业产业的发展。各地方政府需要因地制宜，对于西部省份要继续补齐传统基础设施短板，为发挥后发优势打好硬基础；而对于相对发达省份，则需加强 5G、工业互联网等新型基础设施建设，进一步降低物流成本和信息交互成本，更好地支持知识、文化、信息、金融等软产业的后续发展。

二、精准施策，提升软环境

营商环境评价体系的结果显示，经过数十年的工业化进程，各省市的硬

环境差距已经呈现出明显的收敛趋势，分差逐渐缩小，但软环境的差距仍然较大。从与经济相关性来看，软环境的相关性也明显高于硬环境，在经济发展中起到了更为关键的作用，是营商环境改善的最重要突破口。正如李克强总理所指出的，优化营商环境"软硬环境都重要，硬环境要继续改善，更要在软环境建设上不断有新突破，让企业和群众更多受益"。

在工业社会后期，相较于基础设施建设、自然环境等硬环境而言，金融环境、技术创新环境、人才环境、生活环境和文化环境等软环境，是创新、创业者成长和发挥才干的必要条件，也是新经济、新技术、新业态、新模式生长繁荣的基本土壤，在经济发展中所起的作用越来越大。

改善软环境，不能依赖大规模的资金和资源投入，发展短视化，以时间换空间；也不能"眉毛胡子一把抓"，劳政劳民却起不到预期的效果；也并非停留在"发文件""喊口号"的层面。而是需要在对本地软环境进行全面、客观、科学评估之后，针对地方软环境的短板，充分挖掘技术创新环境、金融环境、人才环境、生活环境和文化环境方面的潜力和亮点，精准施策，动"奶酪"、啃"硬骨头"。

三、改善政策环境，提升营商便利度

营商环境是为企业服务的，优化营商环境需要直面企业的关切点，让企业在创业投资、生产经营中感受到实实在在的变化。近年来，很多行政性垄断领域已经降低了准入门槛，逐渐向民营企业开放，但在民营企业进入过程中，仍然存在着各种"玻璃门""弹簧门""旋转门"等，要么到处碰壁，要么被迫退出，要么虽然进入项目招标流程，但却又被一些特殊条款拒之门外等等。企业往往不是被公开的政策规则拒之门外，而是因为政策不明确、存在灰色地带望而却步。同时，企业在经营中遇到过多的评比、检查、收费甚至吃拿卡要等现象也屡见不鲜。

另外，地方政府在政策执行中扩大化、一刀切的做法，也是对政策环境的严重破坏。以环保为例，在环境问题日益突出的背景下，环保要求一次性

大幅提升，对于企业而言，升级改造需要时间。但个别地方政府在环保政策的落实过程中，没有考虑到这一点，出现了"一刀切"的情况，没有给企业进行环保改造的宽限期，严重影响了企业的生产经营活动。

各地方政府与其将很大精力用于对外争夺具体的新产业项目，不如刀刃向内改自己，改善本地的政策环境。第一，提升政策透明度。通过落实政府的权力清单，建立"负面清单"管理模式改革，推进执行公开、服务公开、结果公开的政策决策和管理机制。第二，建立公平竞争的市场环境。细化优惠政策，提高政策的针对性，减少人为裁量权，对于满足条件的企业一视同仁，打造一个公开透明、公平竞争的市场环境高地。第三，从企业开办、投资、贸易、退出的全流程出发，提升营商便利度。比如在企业的开办过程中，尽量简化中间程序和材料报送流程，提高政策的可操作性，让企业感受到便利；优化安全生产等监管流程，减少对企业正常经营的干扰；提高政府数据互联互通水平，提高行政办事效率；减少不必要的行政收费，降低企业的制度交易成本等等。

四、良好的法治环境是企业最好的定心丸

法治社会是良好营商环境最重要的基础和最有力的保障。建立全社会守法共识，保护公民和企业合法财产权益，是建设法治营商环境的起点，也可以大幅降低企业对于政策预期的不确定性，提升企业投资的意愿和积极性。在立法层面，应通过立法或司法解释，及时回应经济发展中出现的重大新情况新问题，避免法律留白或法律过时的问题；在执法层面，杜绝执法不严和选择性执法，维护法律尊严；在司法层面，提高司法效率，降低司法成本，优化调解、仲裁、诉讼等侵权和纠纷处理机制。

通过依法依规行政提高政策可预期程度，也是建设法治营商环境的重要内容。当前在一些地方，还存在地方政府不尊重契约，拖欠企业款项；政策朝令夕改，招商承诺不予兑现，追讨以往的税费减免；甚至以"新官不理旧账"为由，拒不承担政府债务等违法违规行政的现象，严重破坏了当地的法

治化营商环境。缺乏良好的法治环境，企业和公民的财产权和契约的执行无法得到保证，政府的行为也缺少法律约束，将会大大提高企业经营中的不确定性，而不确定性也恰恰是企业家最担心的。优化营商环境首先要建立法治营商环境，给企业家一个稳定的预期。

五、全面、客观、科学评估营商环境，补短板精准施策

党的十八届三中全会明确提出要让市场在资源配置中发挥决定性作用，同时让政府更好地发挥作用。如何更好地发挥政府作用呢？以提升和改善营商环境作为地方政府的政绩指标之一，既能够推动地方经济高质量发展，同时又是不过度干预市场的最佳切入点。

国内外企业在选择投资地的时候，常常因为缺少对一个地区营商环境的全面评估，而在实际决策中受到经验、特殊事件或片面报道的影响，从而影响了决策，误导了投资。全面客观的地区营商环境评价结果，有利于让企业的投资选择回归理性。由独立研究机构对营商环境进行评价，既可以作为各级政府的重要参考依据，同时比政府自己作出的评价结果具有更大的使用弹性，不会造成"一刀切"、形式主义等问题。

万博营商环境指数从软、硬环境两个维度分别评估，并给软环境以较大的权重，使之能够更好地服务于供给侧结构性改革，推动新旧动能转换。营商环境指数评价体系的核心价值不仅在于排名结果，更在于通过分析各地分项指标的得分和分布情况，为地方政府补短板、精准施策提供政策决策参考。

第五节　31个省级行政区营商环境指数排名

表4　2018年31个省级行政区^①营商环境指数排名

排名	省（自治区、直辖市）	营商环境指数
1	上海	81.81
2	北京	81.61
3	江苏	79.88
4	浙江	78.53
5	广东	74.08
6	山东	68.50
7	天津	67.39
8	福建	64.59
9	辽宁	58.22
10	湖北	56.56
11	安徽	55.41
12	河北	52.55
13	陕西	52.46
14	四川	52.36
15	湖南	49.19
16	重庆	48.90
17	河南	47.32
18	江西	42.51
19	黑龙江	40.94

---

① 研究范围限于大陆地区31个省级行政区，不包括香港特别行政区、澳门特别行政区和台湾地区。

续表

排名	省（自治区、直辖市）	营商环境指数
20	吉林	40.31
21	海南	39.93
22	山西	39.41
23	广西	38.25
24	云南	37.15
25	贵州	35.74
26	内蒙古	35.21
27	宁夏	31.76
28	新疆	31.27
29	甘肃	29.47
30	青海	27.94
31	西藏	22.78

表5 2018年31个省级行政区硬环境指数排名

排名	省（自治区、直辖市）	硬环境指数
1	浙江	81.31
2	上海	74.16
3	江苏	71.12
4	天津	68.19
5	福建	67.18
6	广东	65.43
7	北京	64.94
8	山东	60.21
9	河北	59.79
10	辽宁	57.13
11	海南	54.83
12	湖北	52.58
13	安徽	52.18
14	四川	49.66
15	陕西	49.03

排名	省（自治区、直辖市）	硬环境指数
16	黑龙江	48.03
17	广西	46.82
18	重庆	46.10
19	青海	45.54
20	湖南	45.44
21	江西	45.10
22	云南	43.44
23	河南	42.71
24	山西	42.51
25	新疆	39.41
26	贵州	38.73
27	内蒙古	38.18
28	吉林	37.70
29	宁夏	36.03
30	甘肃	32.85
31	西藏	31.49

表6　2018年31个省级行政区软环境指数排名

排名	省（自治区、直辖市）	软环境指数
1	北京	92.72
2	上海	86.91
3	江苏	85.72
4	广东	79.84
5	浙江	76.68
6	山东	74.02
7	天津	66.87
8	福建	62.87
9	湖北	59.22
10	辽宁	58.94
11	安徽	57.56

续表

排名	省（自治区、直辖市）	软环境指数
12	陕西	54.75
13	四川	54.15
14	湖南	51.69
15	重庆	50.77
16	河南	50.39
17	河北	47.72
18	吉林	42.05
19	江西	40.78
20	山西	37.34
21	黑龙江	36.22
22	贵州	33.75
23	内蒙古	33.23
24	云南	32.95
25	广西	32.54
26	海南	29.99
27	宁夏	28.92
28	甘肃	27.22
29	新疆	25.84
30	西藏	16.97
31	青海	16.21

制表：万博新经济研究院

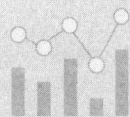

第六章

前景展望

　　四十年时间走完西方国家三百年的工业化之路，中国经济的列车已经开过了工业化和城市化的高峰站点，下一站也许是 5G 和物联网，也许是人工智能和机器人，也许是数字经济、文化娱乐和新知识产业，这些新兴产业的增长能否抵消传统产业的下滑？未来十年、二十年、四十年，中国经济增速将分别稳定在什么水平？面临传统产业的逐步搬迁和新兴产业的不断升级，我们居住的城市将提供哪些新的就业机会？后工业时代，究竟是个什么时代？

第一节　中国经济展望：风险、结构与未来

一、全球经济一体化的联系是割不断的

全球化已经到了一个非常关键的十字路口。在这个时刻，无论是中国还是美国，都应保持理性。中兴通讯曾遭受致命打击，美国这样做的动机，绝不是源于中兴的那些错误，而是想抑制中国高端产业的发展，而这样利用产业依赖打击一国企业的做法破坏了一个共识，**这个共识就是经济全球化过程中各国建立起来的国际分工、彼此可以相互依赖的基本信任。**

在过去 20 多年时间里面，中国不断地融入全球化，通过各种改变来适应西方国家制定的规则。而无论是欧洲还是美国，他们的姿态都是接纳中国的，愿意把中国 13 亿多人口的大市场纳入到自己的体系中。正是因为有这样的共识，各方才会有诚意。无论是中兴、华为，还是我们的其他一些产业，对西方国家的关键零部件已经形成了依赖。在全球产业依赖的形势下，各国产业相互交叉，人们不会以此为武器来打击其他国家。现在美国以全球产业链为武器来打击中国，就是破坏了大家共同生存的前提。这是一个非常可怕的现象，一旦 13 亿多人口的市场从全球市场中分割出去，对美国、对世界将产生哪些影响？中国 20 多年来积极融入世界，形成了产业依赖，现在要独立自主搞一切，苹果系统、安卓系统真的都不用了？我们的生活会变成什么样子？所以说，美国破坏全球产业链，用产业作为武器打击别人，这不仅对中国是一个巨大的打击，对美国和全球都是打击。大家如果选择孤立主义，成本几乎是难以想象的，因此，双方都应该要有战略眼光。软价值时代不同于农业时代，不是相互独立生产，而是相互依赖的，全球经济一体化的联系是割不断的。

二、我们处于周期的哪个阶段

"横看成岭侧成峰，远近高低各不同。不识庐山真面目，只缘身在此山中。"北宋大文豪苏东坡的这首《题西林壁》，原本是谈游山的体会，但用在对经济周期的感知和预测上也十分贴切。

正如群山从横面、侧面观察会得出截然不同的结论，多元复杂的经济运行更是如此，没有一种经济周期理论能够与现实世界的运行完美匹配。但周期确实可以帮助人们达到"会当凌绝顶"的效果，脱离出众多微观因素的干扰，从更宏观、更广阔的视野，来观察和预测未来经济的波动，确实也不失为一个有价值的视角。

从供给结构来看，在成功复制了三次工业革命之后，**2010 年以来中国经济的供给结构已经趋于成熟、老化**。原来先后拉动中国经济增长的纺织和服装业、钢铁、冶金、煤炭开采业、铁路运输行业、汽车制造行业、机械制造业、家电行业、石油、化工、电力，以及贯穿中国城镇化进程始终的房地产、建筑、建材行业等，都进入了供给成熟或老化阶段，不同程度上都出现了产能过剩问题，供给创造需求的能力明显减弱，给经济带来了一定的下行压力。

部分传统制造业虽然已经开始转型，比如从传统汽车生产向新能源汽车转型，从服装加工向品牌服饰转型，从普通钢铁冶炼向特种钢材研发转型，从传统机械生产向精密仪器制造业转型，等等，但星星之火仍未形成燎原之势。

而新兴产业，如 5G、共享经济、人工智能、工业互联网、精密制造等已经显示出高速增长态势，诞生了滴滴出行、华为、腾讯、阿里巴巴、大疆无人机等创新企业。国家信息中心发布的《中国分享经济发展报告 2017》显示，中国分享经济市场交易额约为 3.5 万亿元，比上年增长 103%，参与分享经济活动的人数超过 6 亿人。但新兴行业从体量上和传统制造业还存在一定的差距，不能对整体经济增长产生决定性作用，尚不足以带动中国经济进入上行周期。中国大部分产业尚未进入新供给扩张阶段，经济整体仍处于供给老化的末期。

三、房地产这头"灰犀牛"还在我们身边

过去几十年来，中国的房地产除了充当消费品的功能，还具有投资品的属性。在人口红利为正的时候，房地产的大趋势向上，人们购买房子不只是为居住，因为房子还可以保值增值、以房养老、跨代遗传、赚取差价等，因此人们的购房目的已经远远超越了简单的住的需求。同时，房地产的投资品属性催生了大量产业资本流入，从而进一步扭曲了房地产的供求关系。而当房地产趋势向下的时候，其投资品的功能会大幅弱化。房地产作为消费品，其需求是刚性的，人口红利的减弱也是一个连续、渐进的过程，其对房地产价格的影响也是逐步体现出来的，短期的影响有限。但是投资品的需求变化是弹性的、跳跃的，其对房地产价格的冲击要大得多。

工业化、城镇化产生的居住需求，能够推动房地产价格缓慢上涨，房屋平均的销售价格上涨幅度应该与 GDP 增速基本相当。而从中国的统计数据来看，从 2003 年至 2018 年，十五年间房地产价格经历了三次快速拉升，分别是 2005 年、2009 年、2016 年，三次全国房屋平均销售价格的年涨幅都在 10% 以上，甚至部分城市涨幅超过了 50%。在房地产市场这几次快速上涨中，房地产的投资，甚至投机需求的拉动作用远远超过居住需求，推升了房地产价格越来越偏离消费供需的基本面。

目前关于未来中国房地产的走势，有三种声音。

看空派从全球规律和价值两个方面出发，认为房价下跌是必然的规律，而且在造成房地产成为"中国居民资产配置首选"和"中国过剩货币池"的诸多因素中，包括限购之类的调控政策都是形成房价上涨预期的推手，因此一旦上涨预期改变，包括取消限购在内的任何政策都不能阻止泡沫的破裂。

看多派认为，中国与世界毕竟有很多不同，而且在那么多限购政策下房价勉强受控，**只要限购政策一放松，房价就会继续上涨**。

而**中间派则认为**，中国房价已经形成了"不会再涨"的一致预期，政策

似乎也比较满意这种近似于"被冻结"的状态，所以**中国房价未来几年会趋于稳定**。

实际上，中国房地产周期已经出现了工业化以来的一次重要拐点。中国改革开放之后，城镇化、人口红利带来了房地产几十年的繁荣，房地产新增投资不断攀升，但在 2015 年第一次出现了拐点，房地产对于经济的正向贡献开始减弱。中国房地产正在悄然发生变化，只是价格趋势还不到变化的临界点，伴随着"房住不炒"的政策让"房价不涨"成为一致预期，这个临界点也已经不远。**房地产这头"灰犀牛"可能已经在我们还无觉察之时越来越近，预计未来房地产新增投资将进入至少 20 年的调整期。**

单位：亿元

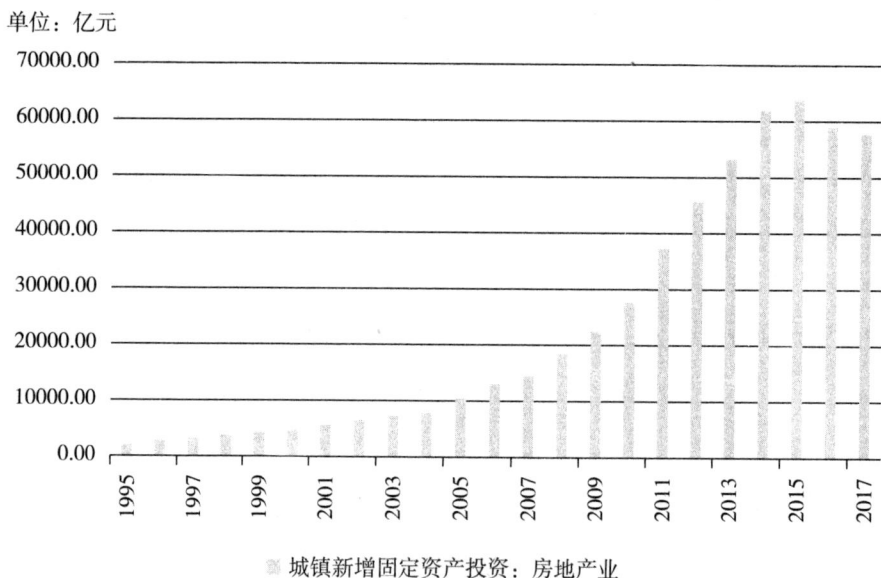

城镇新增固定资产投资：房地产业

图 12　中国的房地产周期出现了拐点

"限购、限贷、限价"政策可能成为压倒房地产价格的最后一根稻草。中国的人口拐点决定了房地产价格的大趋势是向下的，这一点很多人已经达成了共识。有争论的地方在于房地产价格以什么样的方式下行？目前中国房地产市场还不是一个自由交易的市场，"冻结交易"的限购、限贷、限价政策使得人们对未来房地产调控政策的变化还抱有希望。在大多数人的观念里，房地产市场的"临界点"还没有到来，只要轻轻动一根手指，放开"三限"政策其中的一环，房地产就能凤凰涅槃。房地产调控政策放开真的是"晚年房地产"的灵丹妙药么？

取消"限购、限贷、限价"等调控政策，确实能够释放居住需求。但在房地产市场大趋势已经明显向下的情况下，不能激发投资需求。不仅如此，取消房地产调控政策之后，政策带来的房地产稀缺性消失，人们对于政策的预期兑现，有可能不仅不会激发投资需求，还会加剧投资需求的下滑。

那么，居住需求的释放能否弥补投资需求的下降呢？从中国住房空置率来看，西南财经大学中国家庭金融调查与研究中心发布的《2017 中国城镇住房空置分析》报告显示，"中国房屋空置率超过 20%，一线城市为 16.8%，二三线城市空置率更为严重，分别为 22.2% 和 21.8%"，大幅高于发达国家和地区的平均水平。2017 年香港的住房空置率为 3.7%。根据美国人口普查局的数据，2018 年美国第一季房产自有住宅的空置率仅有 1.5%。根据日本 2014 年全国房屋空置率普查数据，人口老龄化问题突出的日本的住宅空置率也远远低于中国，为 13.5%。按照国际一般标准，空置率 10% 以下为合理区间，10% 到 20% 为危险区间，20% 以上意味着房屋库存严重积压。在如此高的住房空置率下，居住需求自身难保，又何以对冲投资需求的下降？

房贷成为银行优质资产是经济持续下行下的被动选择，这种趋势一定是不可能长期持续的。在经济下行压力较大的情况下，企业经营的成本越来越高，风险也变大，银行的风险和坏账率目前主要集中在企业和地方政府债务，并非家庭和个人住房贷款方面，对银行来说，房贷资产依然是银行的优质资产。银行在企业经济困难，不良率承压的情况下，居民房贷、中小企业贷款等是银行信贷结构调整的重要方面，是被迫的选择。

房贷成为银行眼中优质资产的另外一个重要原因就是房产的硬资产抵押，这也和银行传统的信贷模式有关，在较长的一段时间内，房地产行业被认为是中国经济增长和地方财政收入的支柱产业，具有一定安全边际，还存在着一些改善性或者新城镇化过程中的刚性需求存在。但是如果盲目扩大房贷，火上浇油，使得房价大幅偏离合理估值，则需要高度警惕整个房地产的风险。

从过去的经验来看，无论是控制首付比例，还是贷款利率水平，都仅对一部分住房需求有影响，而受到影响的往往是对价格更为敏感的人群。催生房价上涨的投资、投机性因素受房价预期影响更大，对于价格的敏感性则较低，一旦房价形成看空的一致预期，其对于金融机构的影响也将是巨大的。

中国的房地产还没有软着陆。虽然当前房地产投资的增速已经从 2010 年最高 38.2% 下降到 2018 年 11 月的 9.7%，出现了明显的下滑，但是，从房地产占固定资产投资额比重来看，一直维持了 20% 上下的波动，并没有出现明显的下降；从房地产投资占 GDP 比重来看，最近几年仍然呈现上升趋势，2017 年占比为 7%，仍处于 5% 的警戒线之上，未来房地产固定资产投资增速还有较大下行压力，未来有可能会加速回落，并最终低于 GDP 增速。

与此同时，在房地产投资下降的过程中，房价收入比还处于高位。根据易居研究院智库中心的测算，从房价收入比的变化趋势来看，在 30 个重点城市中，相比 2016 年，2017 年上半年房价收入比提高的城市达 19 个。也就是说，超过 60% 的城市房价收入比还在上升。同期 30 个大中城市的商品房成交面积从 2016 年的 2.7 亿平方米，下降到 2017 年的 1.8 亿平方米。没有成交量和支付能力支撑的房地产价格上涨很难持续，中国的房地产还远远没有软着陆。

靠房地产发家的李嘉诚，在内地的房产已经所剩无几，王健林也宣布万达要退出房地产，冯仑则说："如果是捡的钱就买房，如果是挣的钱暂时别买房。"君子不立于危墙之下，房地产巨头的纷纷退出意味着什么？房地产市场是不是已经接近了"赚最后一块钱"的临界点？

四、传统工业化的"列车"越开越慢

四十年前，传统制造业产业链的生产和加工环节开始向中国转移，大批农民工进城，服装厂、玩具店、皮具箱包等一个个工厂车间里，排坐着密密麻麻的蓝领工人，每天超负荷工作，一个月只需要千元左右的工资，巨大的人口红利使得越来越多的全球产品贴上了"中国制造"的标签。

四十年后，当我们还在反思如何改变劳动密集型产业，摆脱消耗资源、污染环境的粗放型产业时，其实"世界工厂"已经逐渐出现向越南、马来西亚、柬埔寨等国家迁移的趋势。就算我们不反思，传统制造业也已经开始离我们而去。

在这四十年里，中国的经济结构显然是不平衡的，人口红利更多地体现在东部地区，尤其是沿海城市的发展过程中，中部和西部很多地区还相对滞后。中部和西部的工业化进程显然还没有完成，产业纵深还有较大差距，基础设施建设还有不少潜力，但是它们能够与越南、马来西亚等地区竞争，承接下我国东部地区产业转移的接力棒，中部崛起和西部大开发能复写东部昨日的辉煌吗？

很难！从需求来看，传统工业的列车已经开到了山顶，未来再向上冲刺的空间已经非常有限了。当人们吃饭的需求满足以后，农业的总量就停滞在那里了；当对汽车、电视机的消费需求满足得差不多的时候，工业产品的增长也就到了极限了。当增量到了极限，而各个要素的生产成本又在上升的时候，传统工业未来的增长空间就被压缩了。

从供给要素来看，传统产业的列车没有办法再开倒车，其中人力成本的上升是一个非常重要的因素。原材料具有一定的属地特点，但是劳动力在中国是一个近乎全流通的大市场，各地区工资水平还有差异，但是整体用工成本已经水涨船高。越南、柬埔寨这些国家，人均成本千元左右，而中国，外卖小哥的月收入都逾万元，更何况还有一定技能的制造业工人。对日常用品的平均单价在千元左右的制造业来说，要何等的商品单价、何等的高附加值、何等的规模经济才能消化万元／人／月的成本？人工成本是不可逆的，中国经济的列车已经走过了工业化的站点，没有来得及上车的"乘客"，只能等待下一班列车，也许是"互联网＋"，也许是"人工智能＋"，也许是知识产业、信息产业、文化娱乐产业或者高端服务业，但不会是又一轮的工业化。

五、下一班列车是那些新经济和软产业

从每一次新经济的萌芽时点来看，每一次经济出现严重下行的时候，也是技术创新最密集的时候。

1987年股灾以后，我们就迎来了20世纪90年代美国的新经济时代，以新材料技术、生物制药、互联网为代表的十年经济持续增长。1998年亚洲金融危机影响最严重的时候，很多上市公司都跌到净资产以下，但也是中国互联网企业起步之年，现在大家耳熟能详的第一代中国互联网公司，比如腾讯、阿里巴巴等几乎都是在那时候起步的。2007年美国次贷危机爆发的那一年，也是苹果手机问世的元年，之后出现了以智能手机和4G为基础的手机支付、微信等社交平台、互联网打车、共享单车、手机视频等各种创新。

2019年，是中国经济经历连续9年下行后最困难的一年，很多老供给加速走下坡路了，同时是又一轮新科技和商业模式创新的起点。

沿着满足美好生活需要的路线，我们可以预见到下一班列车上，满载的是研发、设计、品牌、体验、平台、生态等这些满足人们精神需求的软价值，而生产这些软价值的是新经济，是软产业，包括软性制造业、知识产业、信息产业、文化娱乐产业、金融产业和高端服务业。

沿着技术创新的路线，可以看到人工智能、物联网、大数据、5G、新材料、3D打印等。2018年阿里达摩院发布了十大科技趋势，包括智能城市、语音AI、AI专用芯片、图神经网络系统、计算体系结构、5G、数字身份、自动驾驶、区块链、数据安全，这些看起来有些遥远的技术名词，也许在不久的将来就会渗透到人们工作和生活的各个角落。比如以5G为基础的又一次新技术革命，不仅将推动物联网、智能驾驶等进入新阶段，还将带来很多我们现在还无法想象的新业态和新生活方式。

沿着流量价值的路线，可以看到以阿里巴巴为代表的交易平台，以支付宝为代表的支付平台，以谷歌、百度为代表的搜索平台，以微博、微信为代表的社交平台等。

跨界是新经济必然发生的事情。在传统经济里，所有要素都附着在硬资源上，但是在新经济里，包括知识经济、信息经济、文化经济、服务业经济里，所有的生产要素并不附着在硬件资源上面，而是附着在一些软件上。这些软件可能是平台，可能是俱乐部，可能是品牌，可能是渠道，可能是流量，可能是人群……所以新经济是依托在软资源上。新经济时代是一个软价值时代，所有的财富源泉不以加工自然资源为前提，也不是满足人们的生理需求，人们应该用新的思维打造自身的软价值。

六、深化改革后，有望企稳的经济增速水平

中国正处于从供给老化向供给扩张转换的关键时期。新供给的形成和扩张往往是一个"破坏性创造"的过程，不可避免地会对老化供给形成冲击。iPhone创造了新的需求，相关产业链拉动了美国经济的持续复苏，而诺基亚、摩托罗拉等老供给就面临着退出的命运。同样，当互联网约车等新供给创造了新需求，传统出租车公司的日子就不如以前那么好过了。

北京出租车的牌照限制造成了北京长期以来打车难、打车贵的顽疾，而滴滴出行等新供给的产生，以共享经济的方法调动了车、驾驶员等要素进入城市出行这个市场，解决了打车难、打车贵的问题。可如果又加上了本地户口、本地牌照的限制，就会极大压缩共享经济的供给能力，阻碍生产力的释放。

在这个问题上，日本的教训值得高度重视。在上一轮供给扩张周期中，以汽车、家电和半导体为代表的供给扩张行业给日本带来了长达30年的经济上升周期。但是在互联网等新技术、新产业发展起来时，日本未能及时引导要素进入新供给形成领域，导致日本经济长期依赖汽车、家电等老化供给，经济增长难以走出供给老化阶段，目前夏普、东芝等老化供给的代表性企业已经纷纷陷入经营困境，日本经济面临着更加困难的前景。

在从供给老化向供给扩张转换的阶段，如果不能为新供给扩张提供良好的政策环境，打破传统产业的利益格局和阻挠，可能会影响新供给扩张的

进度。反之，及时引导要素从供给老化的产业向新供给形成与扩张的产业转移，通过鼓励大众创业、万众创新、大力培育新供给，推动新旧动能转换，才能从根本上使经济进入供给扩张周期。

总结中国经济改革开放四十年增长的本质，是增长条件、增长要素和增长驱动力激发的改革红利、要素红利、技术红利三大增长红利共同作用的结果。但随着改革进入深水区、要素成本上升和中国工业化的初步完成，三大红利均呈现递减趋势。如果不改变这个状况，不围绕增长的本质，从增长的条件、增长的要素、增长的驱动力入手，深化供给侧结构改革，未来两三年内中国经济增速可能会跌破6%，五年内有可能跌破5%，十年之内会跌破4%，不仅高增长再也回不来了，相对稳定的增长都难以维持。反之，如果我们认识到供给侧结构性的矛盾，从增长的本质出发深化改革，再造改革红利、要素红利和技术红利，中国经济则有望企稳在一个相对成熟的经济体的增速水平。

第二节 产业升级与城市未来

当前中国城市发展面临很多供给侧结构性问题，比较突出的是：传统制造业和传统房地产业对城市发展的支撑力下降，而受到人口、土地等要素供给成本上升、形成新产业的相关软环境和软资源供给不足、对新经济发展规律缺乏了解等因素影响，大部分城市都面临着新旧动能转换推进缓慢的问题。除此之外，受到普遍存在的供给约束影响，几乎所有城市都面临着医疗、教育、交通、养老等优质公共产品供给不足的问题。

一、新时代城市发展中的供给侧结构性问题

在工业时代，城市发展主要有两大产业支柱：传统制造业和传统房地产业。改革开放四十年，中国城市的经济增长、税收和就业都离不开这两大支柱。然而当工业化进入后期，城市的发展也进入了新的时代，传统产业的支撑力明显下降，由此带来的经济增速放缓、财政收入紧张、就业岗位缩水等问题将越来越迫切。

例如，东北的沈阳、哈尔滨、大庆等城市，曾一度是中国重工业重镇，经济发展增速也居全国前列，但是随着机械、冶金、能源、建材等传统制造业的衰落，这些城市未来的发展将面临严峻的挑战，人口，尤其是青年高素质人口连续多年净流出，不仅GDP增速在全国大城市排名中落后，财政也面临着入不敷出的难题，近来还传出了养老金都需要推迟发放的消息。

广东沿海地区在改革开放后通过发展加工制造业，也崛起了一批新城市，但是劳动密集型的加工制造业近年来已不能继续作为上述城市的支撑产业。例如2008年以后，由于成本上升、产业升级等原因导致企业迁出或关闭

的数量增加，出口加工业衰落，东莞的经济一度呈现疲态，GDP增速两次急剧下跌，城市发展也受到影响。由此可见，在工业化后期，不仅传统的重工业无法支撑城市发展，手机组件、零部件、整机测试等传统制造业也已经上升乏力，不能作为城市的支撑产业了。

城市发展的另一个传统支柱是房地产业。随着城市化进程的推进，大量的农村人口进入城市，造就了中国房地产业三十年的繁荣局面。但是随着城市化进程进入第二阶段，农村劳动力进城虽然还在持续，但是能够提供的边际需求已经在下降，而城市原住人口的增长放缓也是工业化后期的普遍规律，长期来看，房地产业拉动经济的能力正在下降。

制约中国城市发展的第二个供给侧结构性问题是**生产要素的市场化程度不足**，造成要素供给成本上升、供给结构不合理，其中最为典型的是土地的供给。

众所周知，中国执行了最严格的土地审批制度，建设项目用地的审批非常烦琐，从选址立项到落地开工，直接审批环节就有建设项目用地预审、耕地占补平衡、先行用地审批、农用地转用审批、土地征收审批、土地供应审批等环节。而地方政府从提升本地区财政收入、为将来发展预留空间等目的出发，即使是已经作出的用地规划也没有完全执行。2017年，北上广等一线城市用地指标的完成率均不超过50%，人为抑制土地供给的倾向非常明显。

要素市场化程度不足的另一个领域是劳动力市场。据测算，一个健全劳动力在城市创造的GDP是在农村创造的5倍，也就是说，每个劳动力从农村转移到城市就业，其对经济的贡献增加4倍，劳动力向城市转移本身就意味着巨大的财富创造过程。但是目前户籍与本地学校、医疗等公共产品供给挂钩，这在相当大的程度上影响和束缚着劳动力的转移。

传统的资源和环境理念对新时代城市发展形成硬约束。在过去的快速工业化过程中，中国各级政府部门都专长于如何为发展工业提供所需的环境，寻找所需的资源，形成了一套比较有效的发展理念，极大地推动了城市的发展和繁荣。进入工业社会后期，随着传统制造业的供给过剩，城市发展需要新的产业来支撑，而新产业所需要的资源、环境和就业等理念，与传统制造业相比发生了很大的变化，如果还用发展传统制造业的一套办法来发展新产业、新经济，很有可能就是南辕北辙的结果。

例如，建设工业园区是发展传统制造业的一条有效经验，征地、拆迁、三通一平、招商引资，是很多城市发展传统制造业的成功之道，但是如果要发展知识产业、信息产业、文化产业、金融产业和现代高端服务业，靠圈地、修路、通电这些传统的环境配套就远远不够了。这些年我们在全国各地看到了很多的"软件园"项目，但真正能靠这些园区、大楼发展起来的软件公司屈指可数。而在杭州、深圳这些城市，阿里巴巴、腾讯并没有依靠"三通一平"的产业园区，也成长为世界级的软件巨头。就像硅谷、好莱坞、华尔街的发展和繁荣不是依靠土地、道路、矿产资源和廉价劳动力，未来城市要发展新经济、新产业，也不能依靠工业时代形成的传统的资源、环境和就业理念。

产品供给约束导致优质公共产品供给不足。上学难、就医难、入托难、行路难、养老难等难题已经成为困扰城市管理者的"老大难"问题，每年都要投入大量的财政资金用于这些民生项目建设，但是需求与供给之间的缺口却似乎永远存在，市民并没有明显体会到惠民便民的成果。尤其是三甲医院、名校等优质公共产品的供给不足，更是让政府头痛不已的世纪难题。

为什么优质公共产品的供给会长期短缺？是缺人、缺地还是缺资金、缺设备？中国有着全世界最勤奋的劳动者、每年数百万大学毕业生、最大的工业品生产能力和最庞大的居民储蓄，城市其实也不缺土地和楼房，是因为大量的政策管制、市场准入措施，要么禁止，要么扭曲了利益分配机制，让这些资源和要素不能、不愿进入短缺公共产品领域，从而导致优质公共产品供给不足。

例如在很多城市，高峰时段打出租车很困难，既不是因为缺少驾驶员，也不是因为缺少汽车，而是因为有固定的牌照和专营权限制，使得有效供给不足，有效需求得不到满足。网约车的出现大大缓解了打车难的问题。而近年来有关部门又收紧了对网约车的管制，甚至掺杂着"本地户口""本地牌照"等地方保护主义措施，从而打车难的局面又再度出现，这种产品供给约束的经验和教训，难道不值得我们深思吗？

二、未来，城市是一个逐渐软化的过程

当前城市正处于一个从工业城市向新经济城市转化的关键阶段，将经历一次从硬到软的蜕变。城市发展在不同的时代有不同的内涵。

城市发展的 1.0 阶段，其功能是农村经济的行政和交换中心。在农村经济中，城市是围绕集市和政府形成的生活和行政中心。

城市发展的 2.0 阶段是工业城市。美国的汽车城底特律、钢铁之都匹兹堡都曾是典型的工业城市。改革开放之后，中国东北的很多城市、西北的很多制造业重镇也是依托某些制造业而兴起的。在这个阶段，城市成为制造业的聚集地，承载了制造业配套的仓储、物流、交通枢纽等功能。因工业兴起的城市也容易因工业而衰落，一旦这个产业不行了，这个城市的活力就很难再重振昔日的雄风。东北地区、云南和山西等的部分资源密集型城市，煤炭等矿产资源濒临枯竭，产业结构单一，失业率一度攀升，城市可持续发展受阻。

新经济城市是城市发展的 3.0 阶段。数据显示，2013 年之前，大城市的经济增速和人口聚集效应都落后于小城市，但 2013 年之后，中国大城市开始

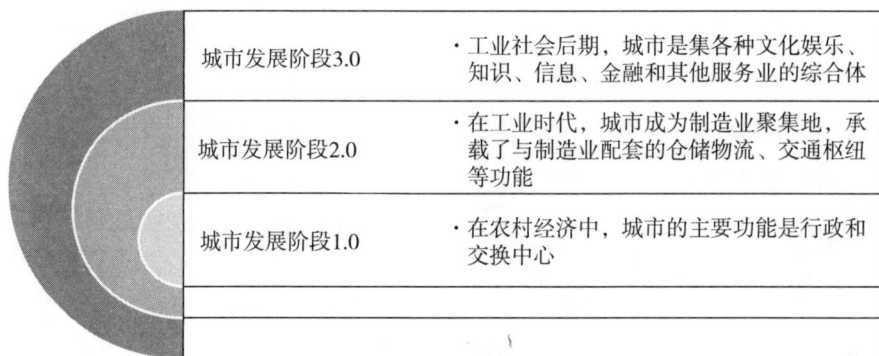

城市发展阶段3.0	·工业社会后期，城市是集各种文化娱乐、知识、信息、金融和其他服务业的综合体
城市发展阶段2.0	·在工业时代，城市成为制造业聚集地，承载了与制造业配套的仓储物流、交通枢纽等功能
城市发展阶段1.0	·在农村经济中，城市的主要功能是行政和交换中心

图 13　城市发展的不同阶段

反超小城市。标志着城市发展已经开始从以工业为主导的城市 2.0 阶段，向以创新为主导的城市 3.0 阶段转型。传统的单纯依靠资源和廉价劳动力发展的模式难以持续，大城市和小城市的核心驱动力开始逐渐趋同，都是新经济产业主导的城市发展。新经济城市成为集中创新人才以及各种文化、娱乐、知识、金融和其他服务的综合体。

在城市发展的不同阶段，人口、产业、城市的演进路径正在发生巨大的变化。第一个阶段是土地、港口、矿产、水源等自然资源吸引的人口聚集，带动产业发展，推动城市兴起。比如上海的临港优势，是上海对外开放的最初推动力。第二个阶段是产业聚集，激发人口红利，再带动城市发展。比如，东莞的电子加工业，推动东莞 20 世纪 90 年代以来经济的快速发展。第三个阶段，是创新引领下的人才和产业聚集，通过新经济来推动新旧动能转换，从而推动城市的发展。比如硅谷凭借软件、智能硬件、生物医药等新兴产业和创新人才驱动，在传统半导体产业受到日本、中国台湾的挑战之后，成功实现了"由硬到软"的转型。

城市发展的 1.0 阶段，房地产主要是住宅为主；城市发展的 2.0 阶段，房地产主要是厂房、办公楼、宿舍等工业社区，以及公寓、综合商场等生活社区；城市发展的 3.0 阶段，特色小镇、长租公寓、众创空间等都是新型地产发展模式，也可以成为助力城市发展的积极因素。

路径1：人口红利 ——→ 人口资源 ——→ 产业聚集 ——→ 城市发展
路径2：产业红利 ——→ 产业聚集 ——→ 人口聚集 ——→ 城市发展
路径3：创新红利 ——→ 创新要素 ——→ 人才与产业聚集 ——→ 城市发展

图 14　城市发展的演化路径

当传统汽车制造业聚集地底特律经济长期萧条时，宝马公司业绩却呈现出稳定增长态势，成为慕尼黑的城市名片。事实上，制造业正在发生远远超出通过技术进步和管理改善降低成本、提高质量所能描述的巨大变化。这种几乎可以重新定义制造业变化的新特征，就是"软性制造"。软性制造，是指在制造过程中，软性投入在一个产品中超过 50% 的制造业，通过研发、设计、创意、创新、产品升级、文化传播、品牌塑造等手段不断提升软价值的产业。苹果手机是制造业产品，但软件的价值超过了 60%，是典型的软性制造业。在传统制造业生存举步维艰的同时，新款苹果手机供不应求，耐克限量款运动鞋发售时遭遇抢购，特斯拉汽车需要排队购买，日本马桶盖受到中国游客疯抢……软性制造满足了消费者不断增长的审美、品位、个性化等精神层面的需要，是制造业转型升级的大趋势。

同样是满足人们美好生活需要的还有软产业，软产业是软价值超过 80% 的产业。在美国，财富排名前列的 Microsoft、Facebook、Google 等都是软产业。从大的分类看，软产业主要包括知识软产业，如教育、咨询、智库、会议论坛等；文化娱乐软产业，如影视、体育、电子游戏、主题公园等；信息软产业，如传媒、社交媒体、人工智能、大数据、云计算等；金融软产业以及其他服务业。在美国软产业占比约 79%，中国只有 52%，相差 27 个百分点，中国软产业发展潜力巨大。

未来能够支撑城市发展的不再是传统制造业和传统房地产业，而是软性制造业和软产业。从全球范围来看，支撑纽约、波士顿、硅谷发展的都是软性制造业或软产业。同样的，中国具有经济活力的城市，如北京、上海、深圳等城市，软产业占 GDP 比重都在 60% 以上，而在经济相对落后的地区，软产业占比往往低于 50%。

随着城市承载产业的变化，与这些产业配套的环境、资源也将迥异，未来城市发展会呈现出越来越多的软性特点。

从硬资源到软资源。 在城市与工业化并行的阶段，低廉的劳动力、土地、矿产等硬资源是产业和城市发展的核心资源，而未来，城市与软性制造业、软产业并行，大数据、教育、融资、技术成果、品牌老字号、古迹文化等软资源是未来产业和城市发展的稀缺资源。进入工业社会后期，硬资源的重要性开始相对下降，软资源的重要性开始上升。拥有软资源越多的地区，经济发展的动力越强，越有活力。这也是为什么 2013 年以后大城市经济增速反超中小城市的重要原因之一。

从硬环境到软环境。国务院常务会议指出，优化营商环境就是解放生产力、提高综合竞争力，软硬环境都重要，硬环境要继续改善，更要在软环境建设上不断有新突破。提升城市对软产业和创新人才的吸引力，除了资金、房子、薪酬之外，还需要给企业和人才提供成长的舞台、发展的空间、宜居的环境和浓厚的人文气息等软环境，创造让创业企业和创新人才不断涌现和聚集的土壤。上海、杭州、深圳等地新经济的崛起，靠的既不是矿产资源，也不是低廉的劳动力，而是良好的服务企业的氛围、资本对接优势和人才吸附能力等"软环境"。

从硬就业到软就业。传统制造业可以用生产线管理硬产业的工人，但传统工厂＋宿舍的硬就业模式，无法管理软产业的创新人才。美国纽约的"斜杠青年"，不是朝九晚五地上班，他们没有固定的工作场所，没有固定的工作时间，甚至同时有多种身份，比如他既是基金管理人，又是律师，还是学者。管理新经济时代的城市，需要对上述就业形态的变化有更深刻的认识。

未来哪个城市能够率先认识和把握新经济城市的软性特征，改善软环境，吸附软资源，哪个城市的发展就越有活力。如果不能很好把握新经济城市发展的新特点，依然按照工业城市的思路进行城市和产业规划，用吸引工业企业的方法吸引新经济产业，用吸引制造业工人的方法吸引创新人才，其结果必然不尽如人意。当前部分城市出现逆城市化现象，遭遇人口、人才、产业流失的困境，正是由于忽略了城市发展的软性特征。

三、新经济与城市未来

大力发展软性制造业和软产业，推动城市新旧动能转换，**首先要解放思想、转变观念**。从传统制造业和传统房地产业为主导，向以软性制造业和软产业为主导转变，根据城市自身优势，在软性制造业和软产业中寻找突破口，尽快培育城市的新增长点。

鼓励发展软性制造业和软产业要有新举措。引导本土制造业践行绿色发展理念，以更多软资源投入代替硬资源投入。在消费者越来越注重环境保护、审美取向越来越趋于返璞归真的背景下，日本家居用品"无印良品"在设计中有意识地减少对自然资源的消耗，同时宣传一种"通过对自然素材和性能的追求达到质朴"的理念，反而受到了市场的欢迎。

大力发展软产业，与知识产业、信息产业、文化产业等新经济对接。以知识产业为例，知识的创造和传播已经成为独立的产品和巨大的产业。在教育产业，除了幼儿教育、职业教育、语言培训等传统产业化教育之外，针对艺术、体育、保健养生等方面的教育需求开始大量涌现，值得重视、引导、鼓励。

论坛经济和智库经济是近几年涌现的知识产业新形态。来自不同国家、不同行业、不同企业的创造性人才在短时间内进行密集的信息交流和智力碰撞，可以产生巨大的立体商业价值，比如瑞士的达沃斯论坛、中国的博鳌亚洲论坛、乌镇互联网大会、深圳高交会等。而独立高端智库不仅服务于国家决策层，也可以为地方经济社会发展提供公共决策咨询，为推动某个产业发展提供政策建议。

再比如，探索大数据、云计算、人工智能等信息产业与城市治理服务的结合，能够有效提升城市治理的现代化水平和运行效率。又比如，文化娱乐软产业发展需要相对宽松的政策环境和严格的知识产权保护，只要善于挖掘和提炼自身的历史文化禀赋，各个地区都有机会发展各具特色的文化娱乐产业。

深化户籍制度、用工和用地制度改革，降低要素供给成本。打破户籍制度对公共服务的约束，推动教育、医疗、住房和证照办理等基本公共服务覆盖全部常住人口，让农业转移人口与城市居民享有同等的权利和义务，解决其工作的后顾之忧。同时，及时共享就业信息，提供专业的转岗培训机会，引导、帮助更多的劳动力顺利完成产业转移，释放人口红利。

创新用工制度，释放人才红利。落实国务院《实施〈中华人民共和国促进科技成果转化法〉若干规定》，人力资源和社会保障部《关于支持和鼓励事业单位专业技术人员创新创业的指导意见》等政策的精神，建立创新人才的弹性工作制度，对于科研机构及相关企业，通过软就业方式引进高层人才的，设立专项资金予以鼓励或税收减免。同时，允许国内外在职专业技术人员在城市兼职，并参照全职工作人员，最大限度给予其工作和生活保障，并实施按照贡献分配的报酬机制。从用人单位和人才激励两方面入手，最大限度发挥人才红利。

深化用地制度改革，对于已经确定的用地指标，应加大执行和投放力度，避免土地供给环节的人为抑制，增加土地的有效供给，降低企业的用地成本。同时，盘活存量土地，例如加快"僵尸企业"退出市场的步伐，释放出更多的土地资源，引导要素向新供给、新动能行业转移。

鼓励社会资本进入，增加优质公共产品供给。尽管已经出台了一些鼓励社会资本进入教育、医疗等行业的政策，但实际上社会资本进入城市公共产品领域的"玻璃门"依旧存在。社会资本在土地获取、社保资格、办学资格、学位授予权等方面仍有诸多障碍。应尽快放松产品的供给约束，打破重点环节和关键领域的行政管制和垄断，降低社会资本的准入门槛，动员社会力量参与交通服务、高水平医疗机构、高水平教育机构、文化产品、体育产业等公共产品的供给。

营造软环境，提升城市产业和人才的吸引力。城市在营造软环境上实现新的突破，有利于提升对于新经济产业和创新人才的吸引力，具体可从以下四个方面入手：一是加大法制宣传和执法力度，对于恶化营商环境的各种行为和现象，如破坏市场秩序、侵害企业合法权益等行为进行严厉惩处，营造创业、创新友好的法律软环境。二是从工商、土地、户口、社保、人事等方面为企业提供创新创业便利，在社会保险、子女就学、配偶安置等方面为创新人才给予优惠，营造企业创业和人才创新的良好政策软环境。三是营造与创新创业对接的融资和交流平台。由政府出面，搭建产业、资本、人才之间的交流对接平台，为创新创业提供高效的资本支持以及人才的交流合作环境。四是为创新创业人才提供有吸引力的生活和文化软环境。注重城市公共资源的整合，增加图书馆、博物馆、音乐厅、科技馆等文化服务并向公众免费开放，提升文化品位。同时，加强垃圾综合治理、污水大气治理、恢复城市自然生态。从各个方面打造创新创业企业和人才引得来、留得住、干得成的乐园。

引导房地产从传统地产开发商向新经济服务商转变。城市发展的新趋势和新特点，也对房地产商提出了新的要求。要引导房地产开发商适应软性制造业和软产业发展的步伐，从传统的地产开发商，向新经济产业的配套服务商转变，鼓励房地产商创新业务模式，更好地服务城市的新经济产业发展。将土地指标与引进高技术制造业、知识产业、信息产业、文化产业、金融产业以及其他服务业等相结合，引导房地产商与城市共同成长。同时，在房屋供给结构上，要适应新的就业模式，为创新人才提供灵活的租住房屋和人性化的办公场所，打造绿色建筑、节能建筑和智慧生活，引导新型地产商提高城市居住质量和工作环境，提升城市未来的发展潜力。

未来，城市中的交通、建筑、安防、社区、公共设施以及人们使用的汽车、手机都会高度智能化、智慧化、人性化，从政府的公共服务，到企业的运营，到居民的消费、健康医疗等，都会与"线上"互联网高度融合。机器代替人的趋势会越来越明显，机器的轰鸣声和滚滚的废气将会离城市越来越远，而知识产业、信息产业、文化娱乐产业、金融产业以及高端服务业，这些满足人们美好生活需要的产业，将成为城市未来的开路先锋和支柱产业。城市应把握住这次从工业到新经济的转型机遇，把握新经济的软性特征，充分挖掘自身的软资源，从资源禀赋出发大力发展软产业，用新经济重塑城市未来。

第三节　后工业化时代就业新特点

农业时代人们聚集在农田和村庄，工业时代人们蜂拥入工厂、汇集到城市，后工业时代，传统的农业和工业占比越来越小，服务业占比越来越高，新技术革命会将人们带向何方？就业方式又会呈现出怎样的新特点呢？

一、后工业时代是一个软价值时代

旧的经济增长模式不可持续，所以才有了新经济的应运而生。旧的经济模式为什么不可持续？当人们吃饭的需求得到满足以后，农业的总量就基本停滞了；当对汽车、电视机的消费需求基本得到满足之后，工业产品的增长也就接近了极限。

一个看法是，事物都有它死去的过程，第四次工业革命即传统工业之死，应该把传统产业中的沉淀资源，包括人口、土地、技术、管理、资金等都解放出来，转移到新的产业领域，形成新的增长。

还有一种看法是，传统产业也可以有新的发展。比如造汽车的底特律虽然已经破产了，但是奔驰和特斯拉却都发展得很好。传统产业除了关门还有一个办法，就是在硬件上附着更多能够满足人们需求的软价值，这样才能重新焕发出活力。

100年前，富豪榜上的财富巨头，都是钢铁大王卡耐基、铁路大王范德比尔特、汽车大王福特这些人，50年前，最富有的人群，肯定是从事石化、化工等产业的，30年前的话，都是房地产大亨，而现在无论在美国、欧洲、韩国，任何一个国家排前几位的富豪，都是从事软产业的。中国也是一样，马云、马化腾等互联网巨头，他们所拥有的产业和财富总量很大，但其中的物质形态几乎可以忽略不计。

全美国人都开着底特律的汽车，底特律的经济却长期不景气，但是美国汽车广告公司赚钱，汽车金融赚钱，汽车4S店赚钱，所有为汽车服务的软产业都赚钱，就是造汽车的不赚钱。未来中国的产业结构到底应该怎么发展？我们是要把中国变成一个大大的底特律，还是要把我们的制造业企业，都变成软价值含量更高的奔驰、苹果、特斯拉？

后工业时代是一个软价值时代，人类的创造性思维活动成为财富的主要源泉，由此挣脱了自然资源存量有限的束缚；而财富需求也不再以满足人们的有限物质需要为主，而是主要用来满足人类无限扩张的精神需要。财富创造的方式一旦被更新的技术进行改造以后，所导致的人们就业和生活方式的变化也是非常大的。

二、后工业时代的就业"大迁移"

工业革命完成以后，以美国的就业结构来看：3亿多美国人口中，大概只有300万人在从事农业，占比约1%，不仅能够满足所有美国人基本的粮食需求，还可以出口很多粮食到其他国家。

这种先进的农业技术随时可以在中国普及。举个例子，假设一个村子，有1000亩地，正好有1000个人生活在这个村子里面，每人种一亩地，共产出1000吨粮食。如果现代农业社会农业技术的普及可以让100个人种这1000亩地仍然产出1000吨粮食，那么剩下的900个人要去哪里呢？如果阶段性的为了社会稳定或者其他原因，仍然让这1000个人种这1000亩地，表面稳定的社会组织模式下，其实有900个人都在从事着无效的劳动。

发展经济学领域有一个经济学概念，叫作农业剩余劳动力，指的是一个人从农业游离出来，边际生产力是零，农业的总产量并不减少，这些人叫农业剩余劳动力。未来工业与人工智能、大数据、互联网等新技术融合改造之后，有可能比工业对农业的改造还要大，并产生"工业剩余劳动力"。

所谓工业剩余劳动力是指，工业的劳动力供给大于工业生产需求的那一部分劳动力，这些剩余劳动力的边际生产效率为零甚至为负。刘易斯提出的二元经济理论认为，剩余劳动力只会出现在农业部门，工业部门是不可能存在剩余劳动力的。但随着人工智能、互联网等新技术在工业领域的应用，很多岗位都可以通过自动化、智能化实现，工业的劳动生产率会得到大幅提升，进而导致工业也会像农业社会一样，开始产生剩余劳动力。

以中国东北老工业基地为例，在传统重工业高速发展时期，东北地区城镇就业人员一直保持较高水平，高峰时期占全部就业人口50%以上。但随着钢铁、煤炭等产业面临结构性升级，其就业容纳能力大幅下降，1997年底，东北地区出现了工人大规模失业的问题，当年下岗人员高达259万人，占全国失业人口的22%。

随着快速工业化时代的结束，未来可能会有更多的地区或行业，出现类似于东北地区的情况，工业企业的就业容纳能力出现整体下降。随着人工智能、大数据、互联网等技术的普及，越来越多流程化、标准化的工作岗位将会被替代，工业剩余劳动力的规模还会进一步扩大。特斯拉位于北加州的"无人工厂"，几乎能够完成从原材料到成品的全部生产过程，其冲压生产线、车身中心、烤漆中心和组装中心四大制造环节有不少于150台机器人参与工作。美国经济学家Aron Acemoglu和Pascual Restrepo研究表明，一个工业机器人开始工作，就意味着会有3到5个工作岗位消失。

前文的例子中，那900个农业剩余劳动力必须从农村游离出来，转移到工业和城市里面就业，但是假设大数据、人工智能、机器人等新的技术，对现代工业的改造让这900个人中只要200个人做制造业就足够了，剩下的700人怎么办呢？这就是我们正在面临的问题！

麦肯锡全球研究院发布最新报告显示，从自动化发展的角度预测，到2020年机器人将取代全球4亿个工作岗位，中国约有1亿人口面临职业转换，占就业人口的13%。万博新经济研究院预测：到2050年，中国农业就业人口将下降到5000万以下，从事工业的人口将下降到1.5亿以下，将有接近3亿多劳动力转移到非农、非制造业中。

　　但是当通用汽车等公司挣扎在经营困难和裁员危机时，微软公司却在全世界78个国家开展业务，创造了大量的就业岗位，员工数超过50000人。人工智能、大数据等新技术的应用在替代一些简单、标准化岗位的同时，也创造出了大量的新岗位。比如机器的大规模应用会产生大量的保养、维护的岗位，人工智能生态系统建设、制造系统建设，混合云生态系统建设也需要投入大量的人力。再比如智能制造中对于感知、分析、自主决策、执行、学习提升等细分产业的研发、产品设计、生产等也会产生大量的新岗位。虽然人工智能对传统工业的冲击不可避免，但对于那些满足人们精神需求，以人类创造性思维为财富源泉的产业，人工不仅不会被机器替代，而且还需要更多的人力，是未来吸纳工业剩余劳动力的主阵地。

　　未来企业的生产过程与技术、研发、管理之间越来越分离，服务产品的地域限制也越来越小，更便捷的互联网沟通模式使得时空更加扁平化，更人性化的服务使得社会分工可以被细化到极致：以前一对多的粗放型服务和生产模式，开始向一对一，甚至多对一的VIP服务和个性化转变。比如传统的信息产业只是通过电报、电话、报纸、广播、电视等媒介传递信息，其加工的对象是信息，对应的就业岗位的职责是及时发布、准确编辑、广泛传播等。而对于很多新媒体而言，信息的传播仅仅是很小的一部分，比如"微信，是一个生活方式"，其服务的对象是"人和人的生活方式"。编辑一条信息可能只需要几分钟的时间，但是运营一个高关注度的微信服务号却需要内容策划、品牌包装、活动推广、平面设计、IT构图等多个部门的合作，相对应的就产生了微信运营编辑、公众号程序员、公众号客服、文案编辑等大量的新就业岗位。

三、新技术革命下就业的软性特征

　　新技术革命的冲击不仅带来就业岗位的转移，就业内容和就业方式本身也会呈现出越来越明显的"软性特征"。与农业和工业的硬就业方式不同，所谓"软就业"是指顺应软产业的财富创造和协作模式，打破了固定时间、固定场所、单一就业岗位等工作限制，注重激发创造性思维的新社会组织方式。软就业重新定义了就业的含义，使人们的工作方式、企业的组织方式、生产经营模式、生活方式等方方面面，都发生了深刻的变革，逐渐形成新的经济和生活形态。

软就业使得社会组织逐渐分散化、平台化。农田是农业的特定生产组织模式，农民的日常生产、生活都离不开传统的村庄。工业则以企业为单位，通过生产线、车间厂房组织生产，拥有相对固定的作业形式和庞大的固定资产，工人被紧紧束缚在生产线上。与农业和工业不同，软就业将呈现分散化、平台化的特点。

比如那些从事音乐创作、平面设计、艺术等工作的人只需要按照进度提交创作的作品，并不必须固定在某一个城市或者某一个场所。部分软产业虽然也有固定的办公场所，但是对员工的现场约束较少，更多的是关注员工的创造性思维和灵感成果，员工组织在一起的更大意义在于促进团队合作、相互学习交流。而且，随着通信技术的不断发展，远程交互协作类的工作正在不断成熟，人们不必再聚集办公或进行面对面的会议，大量的工作内容从现实中被移到了网络互联环境。

软就业下个人的工作时间更自由、更有弹性。一个品牌、一个制度设计方案、一本书的内容和版权、一幅画作、一个软件、一款网络游戏，乃至一件专利、一个配方，都是人类思维和精神活动的产品。而人类思维创造的不确定性、偶然性和瞬时性决定了软就业的弹性工作特点：不是传统"朝九晚五"的刚性制度安排工作，而是选择最适合促进自身创造力、启发创造性思维的"生产"模式。比如大学教授可以选择在上课的时候才需要在学校，其他时间自由安排；作家可以选择晚上写稿，白天休息；演员可以拍完一部戏之后休息很长一段时间；设计师可以通过毫无目的的漫游、和无关的人聊天等方式启发思维、寻找灵感。《暮光之城》的作者斯蒂芬妮·梅耶本是一位有三个孩子的全职主妇，没有丝毫的写作经验，2003 年的一天她做的一个梦，最终成了她第一部小说《暮色》中一个章节的雏形。

　　软就业使得个人"独立"创造财富成为可能。在硬就业下，劳动者一旦失去了土地离开了生产线，个体通常没有任何单独创造财富的能力。但软产业的主要财富创造源泉是人类的思维活动，这使得软就业个体通过创造性思维独立创造财富成为可能。伟大的荷兰画家凡·高创作了 1700 件作品，其中有 9 幅作品以数千万美元成交，除了需要一些画笔、颜料等作画材料，他并没有依附于任何一条生产线或者车间，而是自身创造性思维的结晶。互联网、大数据的发展，网上购物、网约车的兴起，也都给人们提供了更多的软就业机会。2017 年淘宝村数量已达到 2118 个，活跃网店超过 49 万个，带动直接就业机会超过 130 万个。而网约车司机在通过审核后，只需要打开一个网约车软件，接受乘客订单，就可以随时实现就业。

　　通过软就业一个人可以拥有多重职业身份。美国作家麦瑞克提出的"斜杠青年"，形象地描述了软就业的这一特点。"斜杠青年"指的是一群不再满足"专一职业"的生活方式，而选择拥有多重职业和身份的多元生活的人群，如：杰克，天使投资人 / 软件专家 / 人像摄影师；冯唐，作家 / 诗人 / 企业高管。人类的创造性思维可以同时在多个软产业中实现财富创造，这也就使得一个人不再必须受制于单一企业劳动合同的契约安排，而拥有多重职业身份。知名教师、教授、咨询专家、知名律师们，可以在正常工作之外从事演讲、咨询顾问等工作；技术专家们在正常工作之外也可以运用他所掌握的技术应邀提供服务。2017 年度诺贝尔经济学奖得主理查德·塞勒就不同于以往只在象牙塔内埋首理论研究的学者，他既是行为经济学的奠基人，同时还是优秀的基金经理、奥巴马竞选智囊团成员、"非著名"电影演员、专栏作者、畅销书作者。这种多重职业身份的软就业模式，既可以增加收入来源，拓展就业机会，还可以最大限度地发挥个人的才能和热情，在"跨界"中寻找到新的灵感和机会。

　　软就业时代，人们的工作中心从传统的农田、厂房变成了一个个看上去更松散的平台，越来越多的线上、线下俱乐部；人们摆脱了物理空间的束缚，将活动范围拓展到了无限的网络空间；不同地域的人们可以通过视频、语音进行即时通信，距离对人们沟通交流的影响越来越小；全球的信息、知识等通过互联网可以实时交互，知识的及时性和可得性不再是负担，反而是过量的碎片化信息充斥在工作和生活的每一个角落；人们关心的问题不再是衣、食、住、行等物质需求，而更愿意讨论一些关于精神层面的事情，比如各自喜欢的视频、社交俱乐部、歌曲、电影、地球另一面的投资机会、下一个旅游计划……一旦鱼类从海里爬上陆地，演化成了爬行动物，它们就不再是鱼类了；一旦爬行动物长出了翅膀，飞向了天空，那它的生活内容也不再是以前在陆地上爬行的内容了。而软就业带给人类生活方式和生活内容的变化，甚至比从鱼类到爬行动物，从爬行动物到鸟类的变化还要大，有可能会远远地超过几百年前的那次工业革命。

后 记

后工业化时代的经济理论创新

——为了下一个四十年

物理学已经到达量子时代，经济学界仍然封冻在牛顿时代

很多学者都有类似的困惑：在运用各种经济理论解释诸如信息产业、知识产业、文化娱乐产业等新兴产业的财富创造方式时，发现现有的经济学价值理论根本解释不通。在结合现实问题对此深入思考很多年后，我最终敢确定地认为这是因为经济学理论出了问题，而最典型的问题是经济学的发展和自然科学严重脱节。

经济学诞生的年代，大部分学者都是"百科全书式"的，除了本身所研究的学科，对于其他学科也多少懂一些。比如，牛顿既是物理学家，也是数学家；卡尔·马克思和达尔文亦是如此。经济学鼻祖亚当·斯密对各个学科涉猎也非常广泛，并将其关注的物理学、自然科学的种种理论作为认知基础引入到经济学领域。当时众多的哲学、经济学等社会科学理论，都是在牛顿开创的近代物理学认知基础上建立的。

但近一百多年来，学科分支越来越细，最直接的表现是社会科学和自然科学脱节严重。尽管经济学及其他社会科学领域的学者并非对自然科学一窍不通，但是对比较顶尖的诸如相对论和量子力学领域，就多少有点儿茫然了。而现实的情况是物理、化学等前沿科学正实实在在地改变着我们的生活。比如说手机、互联网，影响着我们的经济和财富形态，尤其是知识财富、信息财富、文化娱乐、金融等非物质财富领域，从某种程度上讲，也不再服从牛顿时代建立的物质运动规律了。如果你根据牛顿建立的世界观，按

照绝对时间、绝对空间和绝对运动的那些确定性的假设来认识知识、文化、金融、信息这样一个相对快速的世界，很多现象就无法解释。因为价值论的哲学基础出了问题，而目前经济学界对现实的认识仍然拘泥于牛顿时代的哲学基础，并且试图以此来解释相对论和量子理论之后的世界，这肯定是走不通的。

目前经济学的各种各样供需模型，无法解释像知识产品、信息产品、文化娱乐产品、金融产品的定价问题，也不能正确揭示这些领域的价值创造规律、价值实现规律和财富分配规律。结果学了经济学的人脑子里被灌满了很多过时理论，经常作出各种宏观和微观的错误决策。反而是那些没学过经济学的人，因为没有错误理论约束，反而在新经济实践中游刃有余，他们靠着企业家的天赋来创业，靠着各种数学模型投资，反而能够获得成功。

需要指出的是，自然科学的进步日新月异，让我们的生活发生了巨大变化，而既有的经济学价值理论由于无法解释伴随生产力发展过程中的相关现象，变成了一个相对落后的学科。当代经济学必须首先解决这样一个重大问题，这就是了解自然科学的进步，赶上自然科学的进步。否则，经济学这个学科就会慢慢失去它存在的意义。但在过去的一百年里，对价值论的研究在马歇尔以后就再也没有发展与突破。所以，我觉得经济学有必要补上这一课，了解新时代量子理论等基本科学进步，然后再回过头来认识现今世界，就不会犯那么多错误。

人类的创造性思维与量子力学关系密切

在刚开始发现经济学的哲学认知基础有问题后，我先从达尔文的《物种起源》入手，然后又阅读了部分心理学的书籍，但我发现它不像生物进化，也不是纯粹心理学，严格意义讲，更像是创造性思维运动规律。结合我们所获得的信息，比如互联网的信息传播现象和需求心理的波动，你会发现无论是外在的，还是内在的，这些知识产品、信息产品、文化产品、金融产品等服务产品本身是一种量子现象，服从相对论和量子世界的运动规律。就这样，我找到了经济学理论和量子力学理论的契合点。

相对论和量子论的基本思想也可以从经济现象中体现出来，比如说，知识产业、信息产业、文化产业、金融产业和其他服务业这五大产业在美国GDP里的占比为79%，这些产业的运动规律，都不是传统思维能够说明的，其背后体现的是人的创造性思维。如果想要搞清楚这些问题，就必须要从相对论和量子理论中获得支持。

2001年前后，我着手研究一些相对论和量子理论的东西。在研究量子理论的时候，需要进一步向前看，要搞清楚广义相对论的内涵，对经济学专业出身的我来说，这是一个特别具有挑战性的事情。我从一些科普著作入手，不过那时候的条件不如现在，一是刚开始相关书籍太少，二是欧美很多好著作都还没有翻译过来，学习起来非常吃力，不过刚开始研究时阅读的几本科普著作对我的研究还是发挥了相当大的作用的，至少从理论上搞清楚了量子理论的基本原理，然后我以此为突破口，切入相对论著作的阅读与研究中。

虽然找到了这个问题的关键点，但是，要形成新的理论体系也绝非易事。从2001年开始研究，到发表第一本这方面的著作《新财富论》，我用了五年时间。《新财富论》只是从新的财富源泉来认识经济现象，借助于对科学进化与量子理论的新认识，从财富的创造、财富的定价以及财富的流动分配制度方面阐述财富观。

坦白地说，《新财富论》出版的时候，我对新的价值理论和背后的经济规律尚未形成完整的认知。比如，当时想用各种已有的词汇来定义后工业时代，曾经觉得最体贴的还就是数字经济。数字在英文里有两个词对应：一个是指阿拉伯数字的number，另一个是包括符号在内的digital。严格意义上的数字经济应该叫符号经济，因为数字容易使人家联想到阿拉伯数字，很少把诸如 π、α、加减乘除等各种符号当作数字。而多年以后的今天，我们看到我国政府决策部门比较认可数字经济这个词，在各个文件里高频率提到数字经济，试图用这个词来概括描述现代经济。但其实数字经济虽然比服务经济、知识经济、信息经济、文化经济、金融经济这些词稍微宽泛一点儿，却也是一种现象描述，没有从财富源泉和财富创造方式的根本来概括后工业时代财富经济现象的本质特征。

到了 2008 年，《财富的觉醒》出版，我希望这个书名能够达到这样一种效果，即人们对财富和价值规律的认知达到与之前完全不一样的觉醒效果。到了新时代，人类财富的源泉变了，创造财富的方式也变了，与农业利用动植物繁殖规律创造财富不同，与工业利用物理、化学等方式加工自然资源创造财富不同，人类的创造性思维成为创造财富的主要源泉。于是，我把关注研究的视线转移到思维这个小宇宙中。我认为这就是第三次财富革命。第一次财富革命是农业革命，基础是地球表层土壤环境和物种繁殖生长。第二次财富革命是工业革命，基础是牛顿物理学所揭示的物质运动规律。第三次财富革命的本质就是创造性思维，挣脱了地球资源的限制。这就是我撰写《财富的觉醒》的缘起。

到了 2014 年，我沿着既定的方向研究，出版了《软财富》；2017 年又出版了《软价值》。在《软价值》一书中，我明确地阐述了这样的观点：以前我们创造财富主要靠自然资源，今后要更多依靠人的资源；以前我们创造财富主要依靠劳动，今后主要靠智慧。

挑战性任务：定义软价值的运动规律

从工业时代到后工业时代，其中最本质的区别是什么？

首先，要定义后工业时代，就必须想到工业和农业的区别。因为后工业时代和工业时代的关键区别也跟工业和农业的关键区别是一样的，这就是财富源泉和财富创造方式与从前不一样了。

农业的财富源泉就是地球表层的生态土壤资源。一旦给定这些资源禀赋后，你能创造的财富总量就给定了，所以中国的农业财富总量一定比一些小国多，因为中国国土面积大；另一个决定财富源泉的因素是人们的开发能力，人类在没有开发冻土能力的时候，中国的东北地区就是"北大荒"，有了开发冻土的能力后，东北就成了"北大仓"。在技术能力的范围之内，农业的财富源泉就是地球表层土壤湖泊，局限于利用动植物繁殖和生长规律的范畴。农业的发明发现就是不断地发现并培育新的物种。几千年来，农业有进步，但从根本上摆脱不了这样的财富源泉和财富创造方式的限制状态。

到了工业时代，牛顿发现了运动三大定律，接着，门捷列夫又发现了元素周期表，爱因斯坦的狭义相对论揭示了质能转换定律。人类开始按照这些规律去认知世界。财富的源泉不再仅仅是地球表层资源，以前没有能力开发的石油、煤炭，以及各种矿石都可以拿来加工变成人类的财富；还有水的运动、空气的运动、太阳能也都可以转化成人类的财富。由此不难看到，物质运动新规律被发现以后，一个新的时代开启了，即工业时代。

到了后工业时代，比如说创造一个构思，或者写一首歌，这个财富怎么定义？而且这些财富恰恰变成了这个时代财富的主体。再比如，腾讯公司的《王者荣耀》游戏本质上不过是个程序，但一年就能获得 400 亿元的收入。还有绘画、金融工程、区块链等，都不再是牛顿世界里靠加工的物质来创造财富，而是靠人类的创造性思维创造的精神财富。如果你去定义这些财富的运动规律，思考这些财富的定价问题，远比牛顿世界里面定义加工一个工业品所创造的财富要难得多。

自从工业革命以后，出现了所谓"财富大爆炸"的现象，人类在一两百年的时间里创造了比以往几千年加起来还要多的物质财富。随着以人类创造性思维为价值源泉的新时代的到来，有可能出现一次新的"财富大爆炸"。

这种"大爆炸"式的财富增长，有的人把它归于制度，这种说法有一定道理，但是，本质上还是财富源泉的拓展和财富创造方式的革命，比如从农业到工业阶段，不论是资本主义制度还是苏联的计划经济制度，或者阿拉伯的宗教王朝制度，都能利用工业革命的成果实现财富大爆炸。因此，从根本上讲，只要那种财富源泉拓展碰到相应的财富创造方式就会产生上亿倍的财富增长。而我要说的是，牛顿物理学革命才是工业时代财富大爆炸的真正原因，工业创造财富的方式摆脱了动植物生长时间的限制，只要掌握了物质运动规律并运用它，就可以任意地加工、复制，自然就会出现财富大爆炸。如今软价值时代，人们创造财富的方式挣脱了地球资源的限制，也挣脱了各种物理、化学方法的限制，因此，我们正在迎来新的财富大爆炸。

创造出新的供给才会有新的需求

作为中国新供给主义学的提出者，我由于坚信新经济的流量，对中国经济的未来总体上还是相对乐观的。早在 2012 年，我就呼吁以新供给创造新需求进行"供给侧改革"。新供给主义经济学认为，短期内需求可以创造供给，长期内从人类历史角度永远都是新供给创造新需求，这是新供给主义经济学和凯恩斯主义经济学最大的不同。

在 2012 年以前的十几年里，中国宏观经济管理的主要措施是偏重总需求管理，当经济不景气的时候，就刺激总需求，可是 2007 年以后，尽管在刺激投资、刺激消费、鼓励出口等方面都出了很多措施，但是中国经济增速依然在持续下行。在这样的背景下，2012 年我发表了《新供给主义宣言》，提出只有创造出新的供给才会有新的需求。当乔布斯创造苹果手机的时候，世界的需求为零，但是他创造出苹果手机之后，相应的需求也就产生了。在这样的认识基础上，我进一步从学术上提出要从供给侧改革，放松对产品和生产要素的供给约束，降低要素供给成本，通过升级供给结构来改变供给老化的格局，恢复增长潜力。

新供给主义经济学对经济的看法和传统经济学不一样，传统经济学只看到了钢铁、汽车、房地产增长势头变慢了，就看空经济，却忽视了新供给创造新需求的力量，就像我们今天用微信，七八年前谁知道？因此，对于经济发展的未来，我们要更多地关注新供给的力量或软产业的发展潜力，而且经济的预测体系和预测方式也要作出相应改变，否则，预测不可能准确。

理论创新的体会：从孤独探索到同道偕行

开始研究软财富、软价值到提出新供给主义经济学，孤独是一种必然。但是在研究过程中，我从一本书里遇到一位知音——时任十八届中央委员、中航工业集团的董事长林左鸣先生，这时才发现自己并不孤独。他是研究物理学出身的，后来管理庞大的航空工业和新经济产业。他发现现代经济学解释不了他所关心那个领域里的价值和经济运行规律，所以从物理学的角度并结合自身管理经验发明了广义虚拟经济这个概念。他的《广义虚拟经济论》和我的《新财富论》《软财富》，都是用10年时间研究出的成果。当我们彼此读到对方理论的时候，都有一种"高山流水遇知音"的感觉。虽然看上去我们是一个人很孤独地研究问题，但实际上不是一个人，因为同样对经济学困惑的人肯定不会只是我们。在这20年的实践过程中，我始终没有放下这件事情，从《新财富论》到《软财富》，再到《财富的觉醒》《软价值》，我觉得人的一辈子能把一个理论搞明白，就值了。虽然大部分读者未必真正理解软价值论的意义，但是也的确有不少学术前辈和学术知音的严肃反馈让我感动，除了林左鸣先生，还有十几年前素昧平生的中欧商学院的名誉院长刘吉老先生，他读了我的《新财富论》后用毛笔写信来给予鼓励支持，北京大学经济学院前院长晏智杰教授这样的前辈为《软价值》激情作序并在演讲中给予高度评价。理论探索之路本来就是孤独的，我却有幸有这么多知音，正如林左鸣先生所言，人生有如此同道一起跋涉，夫复何求！

说到对理论研究的体会，我认为跨学科研究一个领域，要从相关领域的科普著作开始学习，这样的效果将会非常好。就好比是攀登珠穆朗玛峰或者跑马拉松，科普著作的作用就像是登山技术或者跑马拉松技术，三十年前人们认为登珠峰或跑马拉松都不是常人能干的，如今你只要掌握了这些技术，攀登珠峰或者跑马拉松就不再是登天难事儿了。一旦跨越了科普著作阅读阶段，我们就会发现有些内容其实很容易搞明白。我觉得经济学家都要克服认为相对论和量子理论晦涩难懂的误解和障碍，都应该学点儿相对论和量子理论，弄清楚后再回头看过去建立在牛顿思维基础上的经济学理论，就会发现有些东西在哲学和思维方式上就是有问题的。

其实大学课堂的经济学科也应该开设与现代自然科学相关的课程，或多或少了解一些量子理论和相对论。试想一下，在已经过去的一百年里，科学的进步已经给人类的生活带来了很大变化，但是经济学家仍然还在用一百年前甚至两百年前的理论认识解释这个世界，因此很难保证所有的解释都是对的。如果所有的经济学家都不去做突破性的研究，都不去学习经济学之外的知识，不去了解现代科学的进步，那就无法了解现在生活背后的规律，得出来的结论自然是有缺陷的。当然不仅仅是经济学价值理论，整个哲学和社会科学领域都应该多学习自然科学，尤其是相对论和量子理论。

作者于 2019 年 1 月

附　录
新供给主义宣言

（2012 年 12 月 9 日）

滕　泰

凯恩斯主义和货币派交替误导中国

凯恩斯主义的全部理论基础都是建立在三大假设基础上，边际报酬递减、边际消费倾向递减和货币流动性偏好。如果这些假设都正确，需求不足一定会周期性出现，因此凯恩斯主义认为政府必须阶段性通过财政政策和货币政策刺激总需求才能维持经济增长和就业。

而货币主义则坚信一切通胀归根到底都是货币原因造成的，因此只要物价指数超过他们的舒适点，他们就毫不犹豫地要求政府紧缩货币。

在以上两种思想的交替指导下，每当经济增速有所下滑，中国决策部门就会高举凯恩斯主义的大旗，拼命刺激"踩油门"；每当通胀有所抬头，决策部门就会举起货币主义的大旗，拼命紧缩"踩刹车"——频繁地"踩油门"和"踩刹车"的结果，中国经济越来越颠簸，经济周期也越来越短。

在每一轮财政和货币扩张中，传统产能过剩等经济结构性问题都越来越严重，中国经济对政府投资、低端出口的依赖都越来越强，而每一轮剧烈的紧缩，都伴随着金融垄断加剧、高利贷泛滥、中小企业的大批倒闭和股市的剧烈下跌。

此外，一旦决策部门把频繁的周期性调控政策当成其日常专职工作，就会对中国经济的深层次矛盾和长期增长动力问题视而不见，任其不断恶化。

　　事实上，中国经济整体平稳增长的主要动力，根本不是来自于凯恩斯主义的政策刺激，物价得到控制也不是货币主义的功劳。

　　就增长而言，中国经济的增长动力源自中国人口本身的活力、城市化进程、资本和资源的持续投入、技术的进步和制度的改进——任何内部或外部的力量都不可能压制这种强大的内生经济增长动力。印度人说，我们的经济是在政府睡觉的时候偷偷增长的；中国呢？人们的确看到"政府之手"粘在中国经济列车的尾部，但到底是这只手在推着列车前进，还是列车在拼命挣脱这只手的控制而前行？

　　可怕的是，越来越多的人在看清了凯恩斯主义危害的同时，却错误地相信了货币派。比如，坊间流传的中国超发了多少万亿元货币，并严厉要求政府长期保持偏紧的货币政策，以防止通货膨胀。问题是，中国从20世纪90年代中期就逐步进入了"过剩经济"阶段。在制造业产能严重过剩的背景下，怎么可能有严重通货膨胀？货币主义同凯恩斯主义错误的根源同样在于他们只看到硬币的一面——需求，而不去分析硬币的另一面——供给。事实上，只有超出过剩产能的货币量才可能造成一般物价水平的上涨，连"单位产能货币供应量"都不去计算的货币派，怎么有资格谈论一般物价水平的上涨呢？

　　事实上，中国20世纪90年代中期以来的每一轮所谓通胀都只不过是"食品通胀"，而食品通胀的根源在于粮食、蔬菜和猪肉的周期性供给波动。尽管任何的货币紧缩都不能帮助母猪生小猪，但是货币派们照样一次又一次地选择在母猪大批生完小猪、小猪长大、猪肉价格大幅回落的时候，庆贺他们紧缩货币、从而控制猪肉价格（China Pig Price）的光辉业绩，却从来没有人为高利贷泛滥、中小企业倒闭和股市暴跌承担责任。

　　好在越来越多的中国人开始厌倦了这种来回折腾，甚至玩游戏的人自己也厌倦了在上下一两个百分点的GDP增速和物价波动范围内，一会儿"踩刹车"，一会儿又"踩油门"。

　　然而，这些人放弃了凯恩斯主义的调控之手，却并没有放弃其对中国经济的不良影响：比如，当他们意识到其调控范围越来越窄，甚至玩不下去的时候，他们就宣称经济增速下滑是必然的，甚至是理所当然的。因为按照凯恩斯主义的总需求分析框架，出口不可能长期高速增长，投资也不能长期高速增长，消费还面临着边际消费倾向递减，经济增速回落不是很自然吗？

此时，货币派也站出来帮着说话："过去的高增长是印钞票造成的虚假繁荣；印钞票长期不能促进增长，所以中国经济高增长结束了。"

中国经济高增长的时代，真的结束了吗？

供给创造财富，新供给创造新需求

事实上，凯恩斯主义的被埋葬，在美国已经是30多年前的事了。尽管二战以后以凯恩斯主义为指导思想的"罗斯福新政"的确对美国经济复苏起到积极作用，但是持续扩张需求而忽视供给能力的增长，终于使得美国经济在20世纪70年代陷于"滞胀"的困境。

在中国，凯恩斯主义的三大假设其实都是不成立的：所谓边际消费倾向递减、边际报酬递减、货币流动性偏好等三大假设只存在于传统经济的传统产业领域，而在任何一次技术革命、产业升级、消费升级、城市化、工业化阶段，尤其对于中国这样的起飞经济而言，新技术、新产业、新需求、新资产结构都会阻止居民消费倾向递减，提高边际报酬，改变货币流动性偏好，推动经济的供给结构和需求结构不断进化，因此用凯恩斯主义"三大定律"来长期看空中国是不正确的。

用投资、出口、消费的总需求的分析框架看空中国同样是错误的，从本质意义上讲，需求仅仅是价值实现的条件，供给——创造财富的能力，才是经济增长的源泉。确切地说，制度、人口、技术、资本、资源等五大财富源泉才是经济增长的根本动力。

中国20世纪80年代的经济飞速增长，很大程度上都是制度变革的结果。最典型的案例是农村"人民公社"到"联产承包责任制"的改革，在农村总人口、技术水平、耕地面积、资本等其他要素没有明显变化的情况下，仅承包制的改革就带来多少粮食产量的提高？

所以说，制度本身就是财富的源泉，制度变革也是生产力。中国的市场经济体制还不成熟不健全，中国的制度还孕育着巨大的改革空间，那些垄断的、管制的、国有的低效率部门一旦涌进自由市场经济的空气，就如同 80 年代、90 年代改革一样，一定能焕发出巨大的经济活力。

另一个能够支持中国经济长期增长的是人口要素。根据中国当前农村人均产出和城市人均产出比较可以发现，每一个劳动者从农村转移到城市就业，其对 GDP 的贡献增加 5 倍以上。那么，城市化率刚刚 50% 的中国，还将有数亿人口进城市的中国，高增长时代怎么可能结束呢？

再比如资本，中国无论外汇储备还是国内居民和企业储蓄，都让那些发达国家羡慕。可是我们的这些丰富资本都充分"就业"了吗？为什么作为全球资本最丰富的国家，我国的企业和资本市场却如此的资金紧张？为什么在全球资本最丰富的国家，高利贷泛滥成灾？中国的金融系统到底是在储蓄者和企业之间架起了一座桥梁还是挖了一道深深的鸿沟？中国的金融自由化和资本要素的解放，将带来多么巨大的增长潜力？

当然还有技术引进和技术创新。无论是全球技术向中国的转移，还是中国自主创新的技术进步，都还有巨大的空间，能够推动中国经济持续高速增长。

最后是土地和资源，中国不仅可以通过贸易的方式解决资源投入的问题，更面临着软财富时代的巨大机遇。农业生态财富的创造受制于耕地资源限制，工业硬财富的创造也面临着地球资源的约束，而以信息产品、知识产品、金融产品为载体的软财富创造却不受任何资源约束，只依赖于人的思维创造。类似于微软、苹果、Facebook 这样的财富创造难道还会受到土地和地球资源的约束吗？

可见，如果能够把眼光从短期需求移开，分析一下供给层面，就会对未来中国经济增长的潜力充满信心。事实上，连凯恩斯本人都知道，他的理论只适合短期经济周期分析，而不适合长期。当有人用长期问题来质问凯恩斯的时候，他幽默地并有些偏执地说："长期？长期人们都死了。"所以，对于那些用凯恩斯主义三大需求来分析中国长期增长的观点，连凯恩斯本人都会反对。

历史表明，任何一个国家的长期持续经济增长动力均来自于供给端的革命性突破，而绝非现有经济结构下的总需求管理。200年前人们对一匹更快的马的需求或许是有限的，殊不知汽车的诞生又能够创造多少交通运输的新需求？在乔布斯创造了风靡全球的苹果手机之前，这个世界对此类电子产品的需求原本是不存在的。如今每天离不开新浪微博或微信的中国人，他们在多年前对新浪微博或腾讯微信的需求也是不存在的。凯恩斯主义的总需求分析框架，仅仅看到老的产品需求不足而看不到新供给能够创造新需求，不是很可悲吗？

让财富的源泉充分涌流

在几百年的经济学史上，所有长期增长理论都是围绕供给层面展开，比如亚当·斯密的增长理论重点在于研究制度和社会分工的作用，熊彼特的增长理论重点在于制度和技术的创新，库兹涅茨的增长理论重点在于研究投入和产出的效率。

中国过去30多年的经济高速增长也是以上三种增长模式的综合体现，其中20世纪80年代的制度改革开启了中国经济的"斯密增长"时代，而90年代以后更多的是持续的人力、资源、资本、技术投入所换来的"库兹涅茨增长"。展望未来，原有的库兹涅茨增长模式仍然能够延续，而且中国将进入新的"熊彼特增长阶段"，包括技术和制度的破坏性创新（Disruptive Creation）都将成为经济增长的动力。此外，通过进一步深化改革，重启"斯密增长"，更须从刺激新的有效供给着手，让一切创造财富的源泉充分涌流。

当然，重视供给、重视改革、重视释放经济增长的财富源泉，不要随意踩刹车或者油门，并不代表政府在经济上不作为。从这个角度讲，新供给主义不仅区别于新自由主义，也区别于早期供给学派或20世纪70年代美国传统供给学派。

自由主义和早期供给主义都相信"萨伊定律"——供给创造自己的需求，认为人们在向社会提供商品的过程中自然会创造出多方面的需求，在信用货币制度下，不会出现购买力不足而发生商品过剩或需求不足的问题，因此经济不需要人为干预。

诞生于 20 世纪 70 年代末的美国传统供给学派代表人物是芒德尔、拉弗、万尼斯基，以及肯普、罗伯茨等人，他们认为，在供给和需求的关系上，供给居于首要的决定性的地位；决定经济长期增长潜力的是供给而非需求，产出的增长最终取决于劳动力和资本等生产要素的供给和有效利用；经济研究的首要任务应当是研究如何促进生产、增加供给。

与早期供给学派不同的是，传统供给学派并不认为经济完全不需要干预，而是认为干预的重点是在于供给方面，而非需求方面，具体地说，就是通过财政政策，强化对生产活动的刺激和支持。当然，由于供给学派认为企业家精神和自由市场是创造财富的关键因素，所以其提出的干预措施同自由主义比较接近，比如反对垄断、支持解除各种管制、主张经济的民营化和自由化。

以拉弗曲线为代表的供给学派理论重点研究了税收对经济主体的影响，认为减税特别是降低边际税率能够刺激生产增长，并且能够抑制物价上涨。他们甚至认为降低税率后政府税收长期反而会增加。为了推动减税，他们宣称无论是公共支出还是转移支付，都会效率低下，浪费资源，甚至阻碍生产。

带领美国经济在 20 世纪 80 年代走出危机的里根总统，采纳了供给学派的主张（同时还有货币派的控制货币供给主张），唤醒了经济内在的巨大增长潜力，促进了就业，成功引领美国经济走出了"滞胀"的泥淖。重振英国经济的撒切尔主义也在刺激生产方面几乎完全采纳了供给学派的政策主张。在中国，从计划经济体制中脱胎出来的邓小平经济思想，坚持经济体制改革和对外开放，逐步推进经济上的自由化和市场化，其采取的承包制等刺激生产措施与供给学派殊途同归。

而建立在软价值论、软财富论理论基础上的新供给主义，着重于从财富创造源泉的角度挖掘经济增长的长期动力［参见《新财富论》（2006），《财富的觉醒》（2009）］。

新供给主义认为，农业生态财富的源泉受制于地球表层生态环境、动植物生长规律、人们的生理需求等约束，其增长前景是有限的；同时认为工业硬财富源泉因为受到地球非生态资源和人们的需求限制，其增长前景也是有限的；只有知识产品、信息产品、金融产品为代表的软财富增长空间是无限的。

新供给主义认为，在农业生态财富和工业硬财富的领域，无视供给和需求约束，盲目扩张生产必然造成产能过剩、资源浪费、环境不可持续等问题，只有大力发展软财富，增加新产品供给，才能不断优化供给结构、创造新需求，引导经济进入供给、就业、需求、创新互相促进、不断优化的良性循环。

新供给主义还认为，传统硬财富由于产能过剩一般不存在恶性价格上涨的可能，只有食品价格会因为供给冲击而周期性地上涨，因而，控制物价的本质手段不应该是紧缩货币，而应该是增加新供给，包括食品供给、硬财富中的新产品供给、软财富供给，这样既可以平抑物价，又可以促进经济增长，还可以推动经济结构调整，宏观政策两难矛盾彻底消除。

新供给主义主张大规模减税并优化财政开支，反对扩大低效率的财政支出，但是不支持无限度地夸大减税的效应——无论是财政支出还是减税，都应该重点支持新产业、软财富。

与传统供给学派一样，新供给学派主张破除垄断与管制，认为中国亟须进行新一轮类似20世纪90年代末期的大力度的国企改革，彻底释放被僵化体制长期压抑的增长活力。而搞活国企的本质手段是产权的民营化，只有民营企业才是市场经济体系中最活跃的财富创造主体。新供给学派认为人口也是财富的源泉，这就要求政府进一步提高人口质量，促进人口流动，从控制人口数量转移到提高人口素质和劳动效率的道路上来，并主张逐步放开户籍制度，促进劳动力不断从农村转移到城市。

多年来，在凯恩斯主义和货币派的交替误导下，中国经济已经积累了很多深层次的问题，如果继续按照老套路"一脚油门一脚刹车"踩下去，中国原本良好的经济就可能错失良好的发展机遇。

我们此时提出新供给主义，希望更多人从财富源泉的层次看到中国长期增长的潜力；希望政府放弃短周期管理，着眼于解决经济运行中的中长期问题；我们反对完全的自由主义，主张政府刺激新供给、创造新需求；我们支持政府不遗余力地推动放松垄断、放松管制的进程，推进经济自由化、产权民营化；我们认为中国必须尽快压缩并严格限制政府支出，尽快从结构性减税过渡到大规模减税；我们相信，只要能够尽快启动经济体制和政治体制改革，让一切创造财富的源泉充分涌流，中国经济完全可以长期可持续高速增长。

图书在版编目（CIP）数据

新红利：赢在下一个四十年 / 滕泰，刘哲，张海冰著 . —北京：东方出版社，
2019.4
ISBN 978-7-5207-0900-2

Ⅰ . ①新… Ⅱ . ①滕… ②刘… ③张… Ⅲ . ①中国经济—经济展望—研究
Ⅳ . ① F123.24

中国版本图书馆 CIP 数据核字（2019）第 050517 号

新红利：赢在下一个四十年
（XIN HONGLI : YING ZAI XIAYIGE SISHI NIAN）

作　　者：滕　泰　刘　哲　张海冰
策 划 人：许剑秋
责任编辑：陈丽娜　邹　琪
出　　版：东方出版社
发　　行：人民东方出版传媒有限公司
地　　址：北京市东城区东四十条 113 号
邮政编码：100007
印　　刷：三河市金泰源印务有限公司
版　　次：2019 年 4 月第 1 版
印　　次：2019 年 4 月第 1 次印刷
印　　数：1—25 000 册
开　　本：710 毫米 ×1000 毫米　1/16
印　　张：16
字　　数：160 千字
书　　号：ISBN 978-7-5207-0900-2
定　　价：49.80 元
发行电话：（010）85924663　　85924644　　85924641
